AF449709

POESÍA AÑORADA

ASENSIO LIARTE

POESÍA AÑORADA

EXLIBRIC

ANTEQUERA 2023

POESÍA AÑORADA
© Asensio Liarte
Diseño de portada: Dpto. de Diseño Gráfico Exlibric

Iª edición

© ExLibric, 2023.

Editado por: ExLibric
c/ Cueva de Viera, 2, Local 3
Centro Negocios CADI
29200 Antequera (Málaga)
Teléfono: 952 70 60 04
Fax: 952 84 55 03
Correo electrónico: exlibric@exlibric.com
Internet: www.exlibric.com

ISBN: 978-84-19520-64-7
Depósito Legal: MA 41-2023

Nota de la editorial: ExLibric pertenece a Innovación y Cualificación S. L.

ASENSIO LIARTE

POESÍA AÑORADA

*«Los hados nos llaman,
y es hermoso morir luchando».*
Virgilio

I. PENSAMIENTOS

¿HAY SOLUCIÓN?

Hoy tengo la sensación
de que todo tiene cura
y existe una solución
para cualquier locura.

El hombre, que el globo habita,
piensa que todo es posible
y en el sumun de su cuita
él se cree que es invencible.

Falacia, triste falacia
es el creerse inmortal,
creyendo tener la gracia
de un límpido manantial.

Dale al hombre una razón
para que viva creyendo
que su frágil corazón
su final vaya asumiendo.

Sin tener la potestad
de modelar su destino,
se toma la libertad
de elegir cualquier camino.

No sabe el pobre mortal
que su libro ya está escrito.
Para bien o para mal,
todo la demás es mito.

Que felices nos sentimos
cuando despiertos soñamos
de lo valientes que fuimos
y allá las penas dejamos.

El hombre es el animal
con más grande inteligencia.
Él tiene el don especial
de la infinita paciencia.

No se arredra ante el peligro,
no ceja en sus pretensiones,
y aunque sea un poco pigro,
maneja sus emociones.

Cuando piensa en el futuro,
él, pensante, está perdido,
pues solo ve un mundo oscuro
cual carbón ennegrecido.

El presente es lo tangible,
el pasado no le importa
nada, pues es predecible
y eso no le reconforta.

Ahora te voy a rogar
que aquí pongas atención
y no vayas a pensar
que esto tiene solución.

ACORDES Y SONIDOS

En mis oídos resuenan
ruidos de caracolas.
Son los mártires que penan
agitados por las olas.

Nací con la luna llena,
cuando el autillo cantaba,
y mi vida fue tan plena
que hasta el rey me la envidiaba.

Quise tañer las campanas
desde el blanco pedestal,
pero el sol de mis mañanas
me dio un destino fatal.

Los ángeles de los cielos
me ayudaban en mi empeño,
y a pesar de mis desvelos,
mi vida solo era un sueño.

Cada vez que despertaba
entre sudores de muerte,
a los dioses yo imploraba
que cambiaran mi suerte.

Pero esquiva como era
la suerte veloz marchó
y solo quedó a mi vera
la madre que me alumbró.

Y aunque yo aislado no estoy,
mi alma se siente sola,
y a pesar de lo que soy,
vivo yo cual caracola.

Si me ves que estoy alegre,
algo grande me pasó:
alguien llenó mi pesebre
y mi alma alimentó.

A veces la luz me viene
a mi cuarto a visitar
y mi zozobra entretiene
en este mi pobre lar.

Esa música que el viento
transporta hasta el infinito
llevase mi triste aliento
adonde todo está escrito.

No tengo por qué dudar
de tu innata maestría,
pero te puedo acusar
de ser de escasa valía.

Maestro tú puedes ser
como excelso instrumentista,
mas nunca podrás tener
el carisma del artista.

BONANZA

Compungido ya no estoy,
me rebosa el optimismo,
y adonde quiera que voy
ya todo me da lo mismo.

Y no es que nada me importe,
pues mi conciencia me guía
y es de mi vida el soporte
y de mis viajes la guía.

Qué bella es la vida muelle,
qué precioso es el placer
de no perder nunca el fuelle
para el cielo merecer.

Solo es cuestión de actitud
el alcanzar el nirvana
y huir de la multitud
cerrando bien la ventana.

Quien se instala en el futuro
zafándose del presente
es como fruto maduro
al que arrastra la corriente.

Pájaros que vuelan alto
por los celestes caminos
se olvidaron del asfalto
y del olor de los pinos.

No sé si es bueno el sistema
que a la nada nos transporta
a lomos de una ballena
que amigable se comporta.

Maravilla es contemplar
aquello que nos rodea,
la inmensidad de la mar
y su continua marea.

Un día soñé que era un barco
navegando en lontananza
y me desperté en un charco
donde ningún barco avanza.

El buen vino que bebemos
nos ayuda a amar la vida
y hacer lo que no podemos
por cosa mal entendida.

Dando vueltas a las cosas
a través del pensamiento,
hallamos rosas hermosas
agitadas por el viento.

Hay que ver la realidad
y distinguir el señuelo;
para abrazar la verdad
hay que pisar firme suelo.

CANTARES

Ay, si cantar yo supiera,
otro gallo me cantara,
pues mil besos yo te diera
en los clisos de tu cara,
pero ¡qué más yo quisiera!

Con mi canto yo podría
aplacar mis sinsabores,
más tranquila yo estaría
cantando los mis amores
que yo siento todavía.

Tú me dejaste ese día
marchándote de mi vera
en pos de aquella avefría,
sin despedirte siquiera
con tanto que te quería.

A pesar de los pesares,
aún yo te sigo queriendo
y es seguro que no sabes
lo mucho que estoy sufriendo
en estos mis tristes lares.

Si volver atrás pudiera
y allí yo parar el tiempo,
y aunque fuera una quimera,
me haría perder el aliento.
Ay, si más tiempo tuviera…

Sigo siendo prisionera
de tu amor incomprendido,
pues no es nada pasajera
la pasión que no he perdido
en mi extensa primavera.

Siento temblores de muerte
cuando pienso con tristeza
que mi negra mala suerte
me hace perder la cabeza,
dejando mi cuerpo inerte.

Y siempre que yo despierto
cuando levanta la aurora,
veo ante mí aquel desierto
que bendita lluvia implora
que fertilice su huerto.

Yo también pido a los cielos
que tú en mi palacio habites
y que acaben mis canguelos
y estos terribles envites
de mis dolosos desvelos.

No sé si será el destino
o algún hado maldito
quien, cortando mi camino,
me apartó de lo exquisito
que nos ofrece un buen vino.

Volver quizá tú no vuelvas,
pues pescas en otros mares
donde los cielos observas
y haces juegos malabares,
mientras otro amor conservas.

Ya no te voy a rogar
que vengas donde yo estoy,
pero sí voy a esperar
que comprendas que yo soy
quien nunca te va a olvidar.

Y aquí me quedo esperando
el que algún día tú vuelvas,
lo que sigo deseando,
y si algo de amor conservas,
vengas corriendo o nadando.

Y si no vuelves, no pienso
buscarme yo otros caminos,
pues es mi amor tan intenso
que no tiene más destinos
que los de un cariño inmenso.

Celestial blancura

Nieve que vuela con calma
sin mácula conocida,
nieve que alegra mi alma,
nieve que endulza mi vida.

Nieve que las cumbres cubre
con color blanco de armiño,
nieve que apaga la lumbre,
la que engrandece el cariño.

Nieve que vive en la cumbre
e ilumina a los mortales
y hasta las montañas cubre
creando los manantiales.

Es la cuna de los ángeles
que protege en las alturas,
que junto con los arcángeles
nos regalan sus venturas.

Ay, la nieve, qué belleza,
qué blancura tan hermosa,
cuánta brillante pureza
volando cual mariposa.

Es el blanco ese color
de la nieve procedente,
y divino es su esplendor
porque despierta la mente.

Es la madre de los ríos
cuando en agua se convierte,
infundiéndoles su bríos
y en sus caudales revierte.

En la nieve, hay quienes piensan
que es causa de desventuras;
mal destino le dispensan
siendo sus formas tan puras.

La nieve nos reconforta
cuando la vemos caer,
mas tiene una vida corta,
pues pronto ha de perecer.

La nieve siempre se asocia
con la blanca Navidad,
con la bonanza se asocia
por su impoluta bondad.

Para la nieve tú amar
te voy a dar mil razones:
es tan bella como el mar
y alegra los corazones.

Si su color nunca viste
ni con tus manos tocaste,
qué gran cosa te perdiste,
a la nieve nunca amaste.

CONTRA EL VIENTO

Va transitando en la vida
cual gaviota contra el viento;
vuela con un ala herida,
presa de inmenso tormento.

No le importa el infortunio,
lo que busca es la verdad;
se orienta en el plenilunio
que informa su libertad.

Hace de su vuelo un manto,
son sus alas como velas;
nunca nadie voló tanto
en celestiales parcelas.

Cuando amaina y cesa el viento,
su volar se hace impreciso,
se le achica el firmamento
y se aleja el paraíso.

Nadie le puede ayudar
en su vagar lastimero;
si el viento vuelve a soplar,
tornará a ser marinero.

Su barco se hace a la mar
si es propicia la marea,
comenzando a navegar,
pues es lo que más desea.

Nadie que bien lo conozca
dudará de su bravura;
por no ser persona tosca
su pasión es la hermosura.

Cuando su bajel arriba
a puerto calmo y seguro,
su carga la desestiba
mientras va fumando un puro.

Y vuelve a hacerse a la mar
buscando vientos amigos;
le hace feliz navegar
en pos de dulces abrigos.

Está cierto que vendrá
el día en que el mar lo venza,
mas tal vez no encontrará
a nadie que lo convenza.

Es la vida la que escribe
el libro de los mortales;
sin ello no se concibe
que florezcan los rosales.

Y llegó el día marcado
donde el mar era más hondo
y su barco, que era alado,
voló con él hasta el fondo.

COSAS DE LA VIDA

La vida es igual que un río,
que arrastra con su corriente
la infamia y el desvarío
de una forma intermitente.

Cada río lo contienen
las que son sus dos orillas;
ellas son las que mantienen
la corriente en sus casillas.

El espíritu del río
es idéntico al del hombre:
tiene la gracia y el brío
para que nada lo asombre.

Dicen los sabios preclaros
que es el alma poderosa,
pero son mucho más raros
los que dicen que es hermosa.

El alma del universo
es de tamaño infinito
y tiene el poder diverso
de lo bueno y lo maldito.

Porque el universo tiene
espíritu de poeta
y es este el que lo mantiene
hasta que alcance su meta.

El planeta en que vivimos
es uno entre más millones;
para prosperar tuvimos
que luchar como leones.

No fue fácil nuestra vida
y hasta que el hombre logró
ganar la dura partida,
siendo así como medró.

Cuando del árbol bajó
y erguido comenzó a andar,
de ser un simio dejó
para el mundo conquistar.

Hoy, cuando el hombre ha llegado
a entregarse a la pasión,
despreciando el buen legado
va recto hacia la extinción.

La vida es un don divino
que dio la naturaleza;
no es un albur del destino,
es la sublime pureza.

Y si estos versos yo escribo
es porque vida yo tengo,
y el don de vivir recibo
del lugar de donde vengo.

CUARTETA-DÉCIMA

Hoy me place comenzar
con una simple cuarteta
y con décima acabar
para llegar a la meta.

La cuarteta nos lo dice
con sus solo cuatro versos;
al poeta ella bendice
por tratar temas diversos.

Esta cuarteta no trata
de ser la mejor del mundo,
solo es la simple cantata
del trovo eterno y profundo.

Con esta estrofa concluyo
esta parte del poema,
pues al decirla yo intuyo
que profiero un entimema.

Ahora viene la quintilla,
cinco versos la componen;
ella es como la chiquilla
que si su vivir le imponen,
se escabulle cual ardilla.

Ponerle puertas al campo,
algo imposible de hacer
es pedir al hipocampo
que un equino logre ser
y viva en el verde campo.

Quiere la madre inculcar
en el hijo las costumbres
de la vida familiar,
para que alcance las cumbres
del éxito material.

Y no es justo pretender
que en esta simple quintilla
yo pretenda el vate ser,
que con pintura amarilla
vuelva a pintar tu querer.

Y antes de dar por finita
esta popular quintilla,
quiero trenzar bien la guita
sentado en mi vieja silla
en esta tarde bendita.

Yo mi promesa cumplí:
sin parar en gasto alguno
hice lo más oportuno;
por pudor yo lo hice así
dando lo que prometí.

Cumplir lo que se promete
es lo que al justo compete,
pues no es cosa baladí
lo que se piense de ti
para no estar en un brete.

DECLIVES

Ya nadie ha venido a verme,
ninguno de mí se acuerda;
la querencia un sueño duerme
nadie a este anciano recuerda.

En los repliegues del aire
está escrita mi ventura,
que resguardada al socaire
se esconde de la locura.

Mis oídos ya no oyen,
mis ojos casi no ven;
ansío que todos me apoyen
con cariño y sin desdén.

Las hojas que se desprenden,
ya perdido su verdor,
a sus árboles reprenden
en su postrero estertor.

Olvido que rompe el alma
sin consuelo y sin piedad,
y cuando el hombre está en calma,
le sustrae su libertad.

La alas de las palomas,
aquellas de blanca pluma,
las que atraviesan las lomas
antes que llegue la bruma.

La falta de amor se esconde
entre densos matorrales
y ni a sus cantos responde
cuando mugen los erales.

Pero el ángel de la guarda,
el que de los buenos cuida,
solo unos segundos tarda
en evitar tu caída.

Y siempre la duda queda
si el ángel a todos quiere
y, suceda lo que suceda,
él protegerte prefiere.

Yo no lo quiero pensar,
que de otros necesite;
prefiero este lar dejar,
plegándome al gran envite.

Pero si el destino quiere,
¡cómo me voy a oponer!
Al anciano siempre hiere
la carencia de un querer.

No creas que soy conformista
y que acepto cualquier cosa.
Tampoco soy el egoísta
que prefiere verso a prosa.

Día Mundial de la Poesía

Renace la poesía
y empieza la primavera.
Yo sigo aguardando el día
que alguien como soy me quiera.

Con los versos que acompaño
solo quiero agradecer
las efemérides que hogaño
harán al mundo florecer.

Mi prima se llama Vera,
qué prima tan especial.
Disfruto estando a su vera
cual saltarín marsupial.

Vida nueva siempre trae
y hace al alma renacer,
y a todo mortal distrae
con un nuevo amanecer.

El árbol muerto revive,
la savia vuelve a sus venas
y su espíritu percibe
las terrenas cosas buenas.

Se despierta el caracol
de su letargo invernal,
poniéndose cara al sol
con su andadura especial.

Y llegan las golondrinas
adornando nuestros cielos
y con sus alas endrinas
vuelan lejos de los suelos.

Ellas son beneficiosas,
pues de insectos se alimentan;
son muy ágiles y hermosas
cuando el entorno frecuentan.

Para quien mis versos lea
los escribo con pasión;
temo que nadie los vea
y acaben en un rincón.

La poesía no hace daño,
al ser humano engrandece;
ella detenta el escaño
del que el amor se merece.

Ser poeta no es sencillo,
te lo puedo asegurar,
y que te lea un chiquillo
es difícil de lograr.

El verso vida contiene
y es divino descifrar
el mensaje que mantiene
su continuo navegar.

Deja que el verso te meza
en sus brazos de dulzura;
lee y vence tu pereza,
percibirás la hermosura.

Y nadie debe dudar
que la vida es melodía
y el cielo puede alcanzar
en pos de la poesía.

El bienestar

Se dice del bienestar
que es un derecho adquirido
y nos lo tienen que dar
solo por haber nacido.

Bienestar es un compuesto
de dos palabras distintas,
refiriéndose al concepto,
derecho y sin medias tintas.

Todos queremos tener
una vida sin problemas
y la dicha poseer
sin enfrentar los dilemas.

Pero escucha, buena gente,
que es difícil conseguir
la fortuna permanente
sin tener que delinquir.

A veces se nos obliga
a saltarnos la barrera,
aupados por la fatiga
de una vida traicionera.

No me digáis que la vida
es algo que nos regalan,
pues nuestra dicha es movida
por los bulos que propalan.

Siempre sucedió lo mismo,
fueron los desheredados
los que al borde del abismo
acabaron condenados.

Para poderlo saber
hay que abrir bien la ventana;
lo injusto se podrá ver
al despuntar la mañana.

Es feliz siempre quien puede
alcanzar el bienestar;
lo mismo siempre sucede
si la dicha hay que lograr.

Procura siempre tú estar
y ser tú de los de arriba,
pues para poder medrar
hay que manejar la criba.

Para ser feliz en vida
hay que tener mucho tino,
esquivando la mordida
del traicionero destino.

Y creo que yo me explico
para poderme entender;
con la luz me identifico
para la insidia vencer.

Yo no sé si lograré
erradicar la mentira;
desconozco si sabré
no ser quemado en la pira.

Bienestar es lo que siente
el justo cada mañana,
y es que el justo nunca miente,
pues tiene un alma muy sana.

Pero por mucho que escriba
acerca del bienestar,
aunque bien yo lo describa,
nunca lo podré alcanzar.

El bozal

Salí para el pan comprar
y olvidé la mascarilla,
teniendo que regresar:
la había olvidado en la silla.

En su respaldo la pongo
para yo no la olvidar;
cuando a salir me dispongo,
no la suelo recordar.

En el súper no permiten
entrar sin el utensilio
y a ningún cliente admiten
sin su sanitario auxilio.

No sé si será efectiva,
pues los contagios no cesan,
mas tú póntela enseguida,
ir sin ella no nos dejan.

La mascarilla, ¡qué invento!
para sentirnos seguros;
la pandemia no es un cuento,
infecta hasta a los canguros.

El civismo es necesario
para evitar la invasión
y el tremebundo calvario
que produce la infección.

Úsala tú por sistema;
si tú eres persona adulta,
por no ser una pamema
tú te expones a una multa.

Sigue, mi amor, mis consejos
si segura quieres ir;
estos tiempos son complejos
para poder subsistir.

Hay quienes piensan distinto;
son siempre los hedonistas
que se basan en su instinto
y no en las certeras pistas.

Qué razón tenía el galeno
al obligarnos su uso,
pues él acertó de pleno
por el hecho que la impuso.

Para evitar que se extienda
debemos ser precavidos;
en esta cruenta contienda
hemos de ser bien nacidos.

Lo primero que has de hacer
al salir de tu portal
es tu cuerpo proteger,
usando siempre el bozal.

EL COLOR

De color es todo aquel
que su piel no es transparente;
se asemeja a oscura miel,
lo que resulta evidente.

Se dice que es de color
cuando su piel es oscura;
negándole nuestro amor,
perdemos nuestra cordura.

Que nadie venga a decirme
que aquel negro no es mi hermano;
estoy dispuesto a batirme
con tan mezquino inhumano.

Todo lo que hay bajo el sol
tiene esplendor y grandeza;
viene del mismo crisol,
la madre naturaleza.

Se dice que es natural
lo que la tierra produce;
lo demás, artificial,
es lo que aquí se deduce.

El hombre de tierra nace
y a la tierra vuelve siempre;
es su madre, la que hace
que el amor en casa entre.

Ser la madre significa
venir de ella sin excusa,
cosa que la dignifica
de la forma más profusa.

Pues la tierra no distingue
el color blanco del negro;
ella no admite el potingue
hecho por el que me alegro.

La tierra es la que produce
seres vivos y alimentos,
y de lo cual se deduce
que sobran los esperpentos.

Admisible no es usar
el color de las personas
para las discriminar,
despreciando sus genomas,

Algún día comprenderemos
que la verdad es solo una;
la injusticia venceremos
y esto sin duda ninguna.

Todos los seres vivientes
a vivir tienen derecho,
porque todos son nacientes,
no se merecen despecho.

El espejo

El espejo me devuelve
la imagen que yo le envío
y en un instante resuelve
mi ciego y gran desvarío.

No me veo envejecer
al mirarme cada día.
Espejo de mi querer,
cuántas cosas te diría.

Si me pudieras oír
y captar mis sentimientos,
tú podrías discernir
el quid de mis sufrimientos.

Yo sé lo que está pasando,
aunque tú lo disimules;
mi vida sigue avanzando
entre verdes abedules.

Ayer, buscando en mis cosas,
una vieja foto hallé,
y con las marchitas rosas
mi semblante comparé.

Al espejo le conté
aquello que yo había visto
y yo respuesta no hallé
de espejo tan poco listo.

Ya no sé lo que pensar;
tal vez el espejo miente
y lo que puede pasar
es que él engañe mi mente.

Te pido, amiga, consejo.
Ven, por favor, en mi ayuda;
dime si me ves tan viejo
para merecer tu puya.

En los cuentos, el espejo
a madrastra bruja tienta,
dándole un cruel consejo
para odiar a Cenicienta.

Pasa que en todos los cuentos
la realidad se asemeja
a los humanos inventos
que tienen su moraleja.

Por mucho que me lo niegues
y por los dioses lo jures,
al ver mis surcos y pliegues,
tú mi edad no la censures.

Aunque el espejo disienta,
seguro que ya soy viejo
e igual que en la Cenicienta
el que miente es el espejo.

EL ILUSO

A quién no gusta vivir
entre brillantes estrellas.
A quién no le gusta ir
adonde están las doncellas
que le leen el porvenir.

Quién tiene la potestad
de decidir su futuro.
Quién prodiga su amistad
bajo ese cielo tan puro
que cubre a la humanidad.

Se siente más protegido
quien amigos fieles tiene,
y más si los ha elegido
entre la gente que viene
desde un mar embravecido.

Mas por mucho que lo intente,
el hombre no deja el suelo;
él no es más que un ser corriente,
tan frágil como el buñuelo
cuando alguien le hinca el diente.

A veces el viento es bueno,
para comer no es propicio;
es más práctico el centeno
que daban en el hospicio
al niño pobre y moreno.

Llegará el día en la Tierra
en que no existan las penas
y que habrá muerto la guerra
y olvidado las condenas
que hacían la vida tan perra.

Los humanos, pues, harán
honor a su noble nombre
y al prójimo ayudarán;
aunque a los malos asombre,
bien por mal devolverán.

Los blancos convivirán
con los negros y amarillos,
y muy juntos jugarán
como inocentes chiquillos
y entre ellos se amarán.

Nadie tiene potestad;
ningún dios se la otorgó
para eludir la amistad
de aquel que al humano amó
con su divina piedad.

Todo aquesto es ilusión.
La vida no es tan sencilla,
pues para ser campeón
es necesaria una silla
en fastuosa mansión.

El maná

Un lago tiempo esperando
a que el maná ya viniera.
Alguien te estaba engañando,
solo era una quimera
que te estaba equivocando.

Si creíste la promesa
de no poner de tu parte,
cometiste una torpeza;
solo lograste engañarte
con insensata torpeza.

Perseverancia es la clave,
pues nada te viene dado.
Tú tienes tu propia llave
con la que abrir el candado
que pone a salvo tu nave.

Trabaja, amigo, trabaja,
que así lejos llegarás,
se te dará la ventaja
y así tú prosperarás
como el vino en la tinaja.

Me dirás que siendo honrado
no es posible prosperar,
porque hay mucho malvado
que se suele aprovechar
de todo el que tiene al lado

Mas tú no te desesperes,
tú confía y sé valiente.
Es preciso que tú esperes
encontrar gente decente
en hombres y en las mujeres.

Y no fácil es la cosa
que tú te encuentres en vida
alguien de alma bondadosa
que esté dispuesto enseguida
a darte una vida hermosa.

Mas si alguien te asegura
que en el mundo todo es fácil
y que en él todo es ventura
y que la bondad no es frágil,
es una infame criatura.

Y si quieres que tu mundo
sea excelente y provechoso,
procura que sea fecundo,
y no un infierno espantoso,
negro, triste y tremebundo.

Espero que este poema
de utilidad te resulte,
sirviendo de estratagema
para crear el sistema
que esquive a todo el que insulte.

EL MELÓN

El melón es una fruta
que en España es estimada
y el que la come disfruta
en su larga temporada
sin discusión ni disputa.

Es dulce si está maduro,
mas si está verde es pepino;
entonces no vale un duro
y hace daño al intestino,
por ser corcho puro y duro.

Melones de muchas clases
los podemos encontrar;
no necesitan envases,
son fáciles de guardar
en el techo de los mases.

Colgados con cuerda fina
aguantan muchas semanas;
los llevan a la cocina
y los mezclan con bananas,
con jamón y con cecina.

Pero no solo es melón
el que produce la huerta;
se dice del tontorrón
que llama de puerta en puerta,
pues se cree Napoleón.

Los melones más sabrosos,
los que da Villaconejos,
son melones muy hermosos,
que aunque te pille muy lejos,
cómpralos, son tan sabrosos.

Lo melones de La Mancha
famosos se están haciendo;
hay que darles, pues, más cancha
y que los vayan comiendo
en yates, barcas y lancha.

Si no te gusta el melón,
has de intentarlo de nuevo;
le cogerás afición,
lo mismo que al frito huevo
y al chorizo bermellón.

El melón siempre lo como
cuando él está disponible;
hasta al mismo mayordomo
le resulta imprescindible
como del cerdo el buen lomo.

España lidera Europa
en producción de melones;
su cantidad me disloca:
seiscientos doce millones
de toneladas, «la oca».

El productor de melones,
individuo con tesón,
duro como los leones.
Su refugio es el mesón,
apto para campeones.

EL MIRLO BLANCO

Un mirlo vino volando
de color negro azabache;
su sustento iba buscando,
sigiloso cual apache.

En el césped, con su pico
buscaba blandas lombrices
o algún gusanito rico
del que gusta a las perdices.

Amo a las aves que vuelan.
También envidia les tengo,
porque su nido ellas velan
hasta que llega el invierno.

Anidan en las cornisas
depositando sus huevos
y también en las banquisas
naciendo pájaros nuevos.

Miro yo al cielo extasiado
para contemplar su vuelo,
pues me siento emocionado
al ver volar al mochuelo.

Y de las aves cantoras
yo no me puedo olvidar;
son de los trinos actoras
en continuo deambular.

Aves las hay por millones,
gustan a todas las gentes,
cantan sus bellas canciones
en los cinco continentes.

Es un portento el sistema
que usan para subsistir,
hacen gala de gran flema
para de hambre no morir.

Disfruto con las canoras,
las aves que siempre cantan,
son ellas las precursoras
y a los hombres se adelantan.

Aprendimos a cantar
tomándolas como ejemplo
y a la música adorar,
pues se canta hasta en el templo.

Si quieres que te sea franco,
escucha estas paradojas:
imposible un mirlo blanco
y el trébol de cuatro hojas.

Aquello que sí es posible
es ver a un asno volando,
pues es mucho más factible
que ver a un gato nadando.

ÉL, QUE FUE

Él, que fue potro en la mar
y labriego en la campiña,
al lupo supo calmar
con las uvas de su viña.

Quiso ser aventurero
sin conocer la aventura
y para ver él, primero,
las joyas de la hermosura.

Ser un experto en la nada
permite andar por delante,
fluir como la cascada
o cual viento de levante.

Mirando al cielo infinito
podrás tú ver las estrellas
y el libro donde está escrito
el nombre de todas ellas.

Late el corazón del hombre
al mirar tanta hermosura,
hace que su alma se asombre
hasta rozar la locura.

El andar de la galaxia
por sus ignotos caminos
azuza la idiosincrasia
de los santos peregrinos.

Cuando arriba la mañana
y miro en mi derredor,
el ser hora tan temprana
nos ofrece su esplendor.

Cantarinas fuentes puras,
manantiales de sabores
del mundo y de sus criaturas
que enaltecen mis amores.

Y es que el amor mueve el mundo
y girando lo mantiene;
su girar no es errabundo,
porque nunca se detiene.

Y así es como va la vida,
la que nace y se renueva
por la muerte es perseguida
y hace que el mundo se mueva.

Hay quien vive en la premura,
siempre ansía vivir corriendo,
sufre la atroz calentura
de quien siempre está muriendo.

Y es que nada es duradero,
la vida su fin encierra
y, por eso, yo prefiero
tener los pies en la tierra.

El salto

Salta la pulga en el aire,
buscando un nuevo cobijo
y que la ponga al socaire
de este mundo tan prolijo.

Vivir tiene sus ventajas,
como correr y saltar,
y aprovechar las migajas
de vida tan singular.

Qué vida tan excitante
la que viven unos pocos,
disfrutando a cada instante
de los flamígeros focos.

Dar un salto en el vacío
es algo que no conviene,
anula el libre albedrío
y la incerteza mantiene.

Aquel que salta sin tino
cayendo en el deshonor
va despreciando al destino
saltando de flor en flor.

Serénate, compañera,
que al respeto no te falto,
ni te trato a la ligera,
ni las reglas yo me salto.

Cuando quieras encontrarme,
búscame en el horizonte;
allí suelo desplazarme
hasta coronar el monte.

Mi corazón salta presto
cuando tu nombre recuerdo
y será quizá por esto
por qué permanezco cuerdo.

Tu belleza se mantiene,
al menos es lo que creo,
y mi alma se entretiene
como la del fiel Romeo.

Pensarás que estoy mintiendo,
o quizá que yo deliro,
o que me encuentro sufriendo
por mi amor incomprendido.

Ahora que estoy sereno
y me dejó la pasión,
pienso en tu cuerpo moreno
que obnubila a mi razón.

Tú, tu vida decidiste;
nada te he de perdonar,
y aunque yo me encuentre triste,
sigo evitando llorar.

EL TIEMPO

El tiempo avanza veloz
como el cóndor en los Andes,
como lo hace el alficoz,
rey de los pepinos grandes,
que crece raudo y veloz.

También llamado alpicoz
su origen está en Novelda
y como castigo atroz
daban al preso en su celda.

Y no es porque malo fuera,
es que otra cosa no había
y aquel que no lo comiera
inane, pues, moriría.

El alpicoz no es pepino,
lo dijo el rey faraón;
despreciarlo es desatino,
ya que es primo del melón.

Ni se toca ni se ve,
pero el tiempo sí que existe.
Yo a un sabio le pregunté:
«¿Es que el tiempo tú lo viste?».

El sabio me contestó,
a fin de que yo callara,
que lo que él nunca pensó
era que a él se le agotara.

También le llegó la hora
en que su tiempo cesó
y donde él se encuentra ahora
es en el mundo del no.

Todo el que de tiempo habla
exponiendo su razón
hace de su tiempo tabla
que le da la salvación.

El tiempo sigue adelante,
nadie lo va a detener
y el que pronto se levante
él verá el día amanecer.

Ay, si yo tuviera tiempo
para darte lo que quieres;
tal vez fuera el firmamento,
mas no sé lo que prefieres.

Tiempo tienen las estrellas
para vivir en los cielos;
con su brillo, todas ellas
traspasan los negros velos.

Ya tengo que terminar,
pues cosas tengo que hacer
y en el tiempo he de avanzar
para el cielo merecer
y la gloria yo alcanzar.

ENSOÑACIONES

El sueño reparador
que alumbra mis blancas noches
siempre mitiga el dolor
que me causan tus reproches.

Muy sincero quiero ser
cuando por fin yo despierto,
siempre creo pertenecer
a las plantas de tu huerto.

Son brumosos mis achares,
pues pienso cosas extrañas;
son tremendos mis pesares
que remuerden mis entrañas.

Mas hay una medicina
que tú sabes dónde está,
la que disuelve la inquina
anulando su maldad.

Por favor, enséñame
a cómo hallar la receta.
Por tu dios, permíteme
que rebusque en tu maceta.

Sabio ya sé que no soy,
como mucho, sabiondo,
pero a decirte yo voy
que sé que el mundo es redondo.

Es redondo como el sol,
el que alumbra sin descanso;
es de la vida el crisol,
para el humano, un remanso.

Y tal vez tú no conoces
que nuestro sol nunca duerme
y de sus rayos precoces
yo siempre suelo esconderme.

Su luz, que nos da la vida,
también la puede quitar;
si lo tomas sin medida,
te puede perjudicar.

Su luz en el sueño influye,
aporta melatonina,
sin su efecto constituye
la vigilia más dañina.

Que dormir es necesario
lo saben hasta en la China;
el no hacerlo es un calvario
y una maldición divina.

Si tú no me quieres ver,
puedes mis sueños cortar,
para nunca más tener
ese dulce despertar.

FÁBULA

Soñé que estaba despierto
cuando en realidad dormía;
me encontraba en un desierto
donde el agua no existía.

Una sombra yo buscaba
para albergar mis desvelos,
pero la sombra no estaba,
solo los ardientes suelos.

Oteando el horizonte,
un bosque creí yo ver
y un nevado y blanco monte,
y allí fui a todo correr.

Siempre sucede lo mismo
cuando vemos la fortuna;
se trata de un espejismo,
pues que el monte era una duna.

Mas de pronto apareció
un dromedario parlante;
a librarme se ofreció
de aquel calor sofocante.

Yo lo acepté sin pensarlo,
allí vi la salvación
y en su oferta sin dudarlo
encontré la solución.

Mas resultó que el camello
era una veloz gacela,
rápida como un destello
o como el ave que vuela.

Pero aunque el tiempo pasaba,
no alcanzaba mi destino;
nunca a la meta arribaba
por aquel sin fin camino.

Yo le pedí a la gacela
que disipara mi duda;
me respondió «no seas lela,
no soy más que una tortuga».

Cuando vi que no llegaba,
a los cielos yo imploré,
y es que dormido yo estaba
y así fue que desperté.

Aliviada agradecí
a los cielos su clemencia
y rauda me dirigí
adonde está la consciencia.

Ese lugar que nos da
paz a la mente y al cuerpo,
y que en nuestro auxilio va
cuando nos mata el desierto.

HORRORES

Horror produce la guerra
que destruye a las naciones,
maltratando así a la tierra
con sus negros nubarrones.

El horror es contagioso
y hace al hombre desdichado;
es perverso y espantoso,
ladino, vil y taimado.

Y solo de ver la cara
de quienes horror padecen
mi rechazo se dispara
y mis ojos enrojecen.

Por qué existe la maldad
entre los seres humanos.
Por qué la desigualdad
existe entre los hermanos.

Mi pregunta es importante.
La respuesta es un misterio,
pues soy un sabio ignorante
con muy escaso criterio.

Si me puedes responder,
agradeceré tu ayuda,
pues yo quiero resolver
esta mi terrible duda.

Si la solución tuviera
para el horror desterrar,
ay, tal vez yo consiguiera
a la humanidad salvar.

Seguro que estás pensando
que esto ha sido siempre así
y no hay más que irlo aceptando,
aunque cueste un potosí.

En verdad, qué hermoso fuera
que los humanos se amaran
y aquello que el hombre hiciera
los demás se lo aceptaran.

Me refiero a la bondad,
la que al horror desterrara,
ahuyentando a la maldad
y al hombre en santo mudara.

Qué divina circunstancia
que cualquier dios verdadero
cuidara desde su infancia
al hijo del pordiosero.

No sé si será posible,
pero así es como lo veo;
añoro que sea factible
y se cumpla mi deseo.

INMUNIDAD

Es el inmune un sujeto
que de culpa libre está
y a la ley no está sujeto,
pues goza de libertá.

Él actúa sin mesura,
se burla de cualquier regla,
va calmado y sin premura,
es su ley la de la selva.

Poseer la inmunidad
es la ley del poderoso;
por su gran desigualdad
para el pobre es desastroso.

El inmune tiene a gala
poder saltarse la ley
y su suerte le regala
estar a salvo en su grey.

Nadie nacido normal
tiene aspiración de inmune,
pues por no ser especial
al impío no se une.

Tener limpia la conciencia
permite al bueno vivir
exento de la indulgencia
y sin el perdón pedir.

El inmune piensa y cree
que cuentas no debe dar;
si la inmunidad posee,
¿por qué se ha de preocupar?

Qué bueno es ser siempre bueno
sin a quién perjudicar,
sea este blanco o moreno
y al prójimo siempre amar.

El que crea que libre está
de pagar los sus desmanes
no tendrá esa potestá,
siendo presa de los canes.

El que esté libre de culpa
tire la primera piedra,
para ver si alguien lo exculpa
o al infierno lo destierra.

Pero ¿existe la justicia?
Excepto para el inmune,
me responde sin malicia
quien esta prebenda asume.

Algún día llegará
en que todos sean iguales
y nadie se librará
de las condenas mortales.

LA AMISTAD

Es la amistad un don divino
que se da entre los humanos
y se asemeja al buen vino
que comparten los hermanos.

Al amigo se le apoya
cuando desvalido está,
pues la amistad es esa joya
que nunca el mal causará.

Hay quien dice no entender,
por verlo como normal,
que entre el hombre y la mujer
solo exista lo sexual.

Esto en los tiempos modernos
ya no se debe admitir
bajo el riesgo de perdernos
en las sendas del sufrir.

Y se apartan los perversos
del hecho fundamental,
que exista entre los dos sexos
algo más que lo carnal.

Y si un amigo te llama
porque a ti te necesita,
seguro que te reclama
porque tiene alguna cuita.

Por mucho que lo busquemos
en este mundo no habrá
aquello que conocemos
que más que el oro valdrá.

Del amigo mucho apoyo
por siempre lo encontrarás
y si tú caes en el hoyo,
por su amor te salvarás.

Nunca tú te desesperes,
tú puedes contar conmigo,
pues esperes lo que esperes
siempre hallarás tú al amigo.

Amiga, querida amiga,
a ti también me dirijo.
Pido a Dios que te bendiga
con la gracia de un buen hijo.

Y si el hijo no llegara,
no faltará a quien amar
en esta vida tan rara
donde falta el ayudar.

Ayuda, bendita ayuda
la que al hombre dignifica,
la que nos dice «¡aleluya!»,
la que tanto significa.

LA GRANADA

La granada es una fruta
que en el otoño madura
y al comerla se disfruta
de su exquisita dulzura.

Tiene forma de pelota
de fútbol americano,
no es buena para compota,
ni ella es fruta de verano.

Una vez rota su piel,
encontramos en su interno
granos dulces como miel
que duran todo el invierno.

Los gránulos que refiero
son de un rojo muy brillante
y comerlos yo prefiero
en determinado instante.

Si te los vas a comer,
tú debes usar cuchara,
pues se te pueden caer
con ruido de algazara.

Hay quien usa la granada
como símbolo de amor,
la compara con su amada
por su rosado exterior.

La piel del sabroso fruto
es la que encierra sus granos,
ella se pone de luto
cuando se los retiramos.

Sin los granos no es granada,
solo son mondas lirondas
y su aspecto desagrada
por dejar de ser redondas.

A fuer de serte sincero
es cuando llega el otoño,
que a esta fruta yo prefiero
a la que nos da el madroño.

Pero existe otra granada,
aquella que fue del moro
y la que fue abandonada
por las causas que yo ignoro.

Debió ser algo terrible
lo que forzó al musulmán,
que sufriendo lo indecible
se consoló en el Corán.

Fueron los Reyes Católicos
los que expulsaron al moro,
entraron con sus acólitos
a incautarse del tesoro.

Cuando conocí Granada,
sublime impacto sentí;
como ella no hubo nada
en el reino andalusí.

El tesoro que encontraron
más antiguo es que la zambra;
de él raudos se apropiaron,
del tesoro que es la Alhambra.

LA HARINA

Quien inventara la harina
hizo un gran descubrimiento
al encontrarse una mina,
la reina del alimento
abundante en vitamina.

Sirve para hacer el pan
presente en las religiones,
alimento que les dan
a los grandes campeones
cuando a hacer deporte van.

Las cocinas de las casas
de ejemplos se encuentran llenas
de este alimento sin grasas;
hay las dulces magdalenas
rellenas de dulces pasas.

Sin la harina no habría pasta,
que es comida de italianos,
aunque con ella no basta
para alimentar cristianos
ni al más puro iconoclasta.

Con la harina se fabrican
las riquísimas galletas,
y aunque algunos las critican
por dudar de sus recetas,
su exquisitez magnifican.

Hay muchos tipos de harina
que podemos encontrar
y en la hora vespertina
con ellas pan amasar
para tomar con cecina.

La hay de trigo y centeno,
también de espelta y maíz,
la de trigo sarraceno
que cernida en el tamiz
hace un pan oscuro y bueno.

Los bizcochos y las tortas,
cosas de confitería,
también la harina de almortas
se sigue usando hoy en día
para hacer las gachas cortas.

Con la harina de garbanzos
se hace un ligero puré
que se toma hasta en Betanzos
y hasta a la luz de un quinqué,
y en el bar de Juan Iranzos.

Y también se suele usar
para hacer pescados fritos
y con ella enharinar
lo que no está en los escritos
ni en las tortas del Casar.

Blanca, oscura o amarilla
es la harina muy diversa,
se hace de forma sencilla,
amasándola en la artesa
y para hacer la papilla.

Sirve para hacer engrudo
con que pegar los carteles,
para apresto del felpudo,
para hacer dulces pasteles,
alimento del forzudo.

LA LECTURA

La lectura es el manjar
que alimenta nuestras almas,
ella nos viene a ayudar
en las furias y en las calmas.

Leer es viajar sin coche,
en el viento te desplazas;
sea de día o sea de noche,
conjura las amenazas.

El pensamiento te lleva
a los confines del alma,
él te transporta y te eleva
adonde habita la calma.

Si te encuentras deprimido,
lee, lee sin mesura,
abandona el viejo nido
con gran presteza y premura.

Volar con el pensamiento
es más veloz que la luz,
más ligero que el aliento,
más que el veloz avestruz.

Eleva tus pies del suelo,
deja viajar tu pasión
y aléjate del señuelo
que busca tu perdición.

Si quieres vivir en paz
contigo y con las estrellas,
presenta tu mejor faz
a las dañinas centellas.

No te quisiera influir
coartando tu libertá,
mas te incito a preferir
lo que la lectura da.

Yo leo siempre que puedo,
que suele ser cada día;
me ayuda a perder el miedo
a una existencia vacía.

Transpórtate a lontananza,
no te quedes estancado,
participa de la danza
del lector enamorado.

Que nadie pueda decirte
que tú eres un iletrado,
que un gran tiempo tú perdiste
al ingrato suelo atado.

Viaja, lee, con la lectura disfruta,
deja que tu mente vuele,
no comas la verde fruta
que tu paladar repele.

Hazme caso, buen amigo,
no lo dudes ni un momento,
ven raudo a viajar conmigo
a lomos del tenue viento.

Y si sigues mi consejo
y a leer tú te aficionas,
te sentirás cual vencejo
sobrevolando las lomas.

LA NOTICIA

Hoy recibo la noticia
de mi semilibertad.
Al leerla, dije «albricia»
por tan tremenda bondad.

Pero no todo es bonanza,
resulta que tiene truco;
es bailar la vieja danza,
la danza del almendruco.

Por ser de tercera edad
sigo estando tutelado;
quien tiene mi propiedad
es el buen padre, el Estado.

¿Cuándo me podré mover
utilizando mi coche?
¿Cuándo podré yo volver
a dejar la negra noche?

Le juro, señor mandante,
que quiero seguir viviendo;
deseo seguir adelante,
por eso estoy insistiendo.

Insisto, casi lo imploro,
quiero ser como el que más;
este encierro yo deploro,
odiándolo por demás.

Ser anciano ya es bastante.
Yo no quiero ser salvado,
lo que ansío es ser navegante
en este mar encrespado.

Una cosa me horroriza
y acaba con mi paciencia,
pues me produce ictericia
y es la triste residencia.

Residencia, que es llamada
con sincopado desdén,
esa casa simulada
que es de viejos almacén.

Al que está cerca del fin
y por sí ya no se vale,
queda inerte cual delfín
cuando del agua se sale.

Es la vida, así se dice,
pues todo va cambiando,
y aunque nadie lo predice,
el mundo sigue avanzando.

Y qué le vamos a hacer,
no es posible cambiar.
Cuando se pierde el poder,
un calvario es caminar.

LAS CIRCUNSTANCIAS

Atado a sus circunstancias,
doliente y acongojado,
pendiente de altas instancias,
siempre está malhumorado.

De él ya nada depende,
ni del común de la gente,
su vida de un hilo pende
por ser un ser contingente.

Lucha de forma terrible
contra las premoniciones,
aun viendo que no es posible
eludir las maldiciones.

Los hay que piensan que son
inmortales por decreto,
llevando en su corazón
la eternidad como reto.

Y presa de su ilusión
y de sueños irreales,
defienden con gran tesón
su delirio de inmortales.

Que nadie piense siquiera
que va a torcer su destino,
pues como ave pasajera
tiene trazado el camino.

Qué mejor que estar seguro
de que la vida en la tierra
es transitar puro y duro
desde el llano hasta la sierra.

Cuando te digan los sabios
que tú eres tu propio dios,
aprieta fuerte tus labios,
pues hay más contras que pros.

¿Y qué hay del más allá?
Creo que es un bello consuelo,
ya que aquí, en el más acá,
solo tenemos el suelo.

Y la furia y el dolor,
y los peces y las flores,
y el infinito esplendor
de los benditos amores.

Y para qué la queremos
la dicha inmortalidad,
si con la vida tenemos
la belleza y la maldad.

Es cosa de los humanos
querer que nada se acabe,
querer que todos vivamos
dentro de una ignota nave.

LAS CUATRO ESTACIONES

No me quiero referir
al del tren las estaciones,
mas tampoco quiero huir
de las mis definiciones.

Comenzaremos hablando
de las de la astronomía,
son cuatro que van pasando
entre la noche y el día.

Si ustedes me lo permiten,
empezaré en primavera
y a la que a mí me remiten
los hados de la quimera.

Dícenme los entendidos
en cosas de astronomía
que es cuando campos floridos
dan paso a la malvasía.

Es la uva malvasía
la madre del vino dulce,
el vino que es poesía,
el que en Grecia se produce.

A la España lo trajeron
los cruzados catalanes,
siendo los que introdujeron
el vino de capellanes.

Sigo con las estaciones
pasando a la del verano,
que es tiempo de vacaciones
y recolección del grano.

Depende donde te halles
tendrás uno u otro clima,
podrás pasear por las calles
huyendo de la calima.

Llega el otoño a la huerta
con melones y manzanas.
Ábreles, niña, la puerta,
que endulzarán tus mañanas.

Ahora es tiempo de castañas,
de la nuez y la bellota,
y en el sur de las Españas
el otoño ya se nota.

Y por fin llega el invierno
con nieve en algunas partes,
vuelve el frío sempiterno
y se desnudan los parques.

El sol se oculta temprano
y el viento cierra las puertas,
y se deshoja el manzano
perdiendo sus hojas muertas.

LAS ESPARTEÑAS

Primeros del siglo veinte.
Allí, en un lugar cualquiera,
vivía el niño Vicente
en su casa madriguera.

A sus seis ya trabajaba
en lo que pudiera hacer
y su madre lo enviaba
a castañas recoger.

Ella su trabajo hacía
en el campo, y mal pagado
con lo poco que obtenía
compraba el pan de salvado.

Su padre, que era minero,
en la mina trabajaba;
era un abnegado obrero,
aunque muy poco ganaba.

Tenía otros cinco hermanos
que lo mismo que él hiciera
trabajaban con sus manos
con el furor de una fiera.

Él dormía en un jergón
con colchón hecho de paja,
era su vida un jirón
del mundo que se desgaja.

A la escuela nunca fue,
porque allí escuela no había;
llevaba desnudo el pie,
pues zapatos no tenía.

Para grandes ocasiones
las esparteñas tenía
y unos nuevos pantalones
que en las fiestas se ponía.

Eran hechos de remiendos
los sus pantalones nuevos,
pantalones tan horrendos
tal los que usaban los suevos.

El chico se fue a la mili.
Cuando su turno llegó,
él se marchó siendo un gili
e instruido regresó.

Allí a leer lo enseñaron
y hasta a escribir con soltura,
y cuando lo licenciaron
tenía una cierta cultura.

Para mejorar su vida
aprendió a ser panadero,
y al regresar, enseguida
se convirtió en tahonero.

Con ahínco trabajaba
allí en la panadería
y en su casa no faltaba
ese pan de cada día.

Deseando hacer fortuna,
a la Argentina marchó
y sin pretender la luna
una tahona montó.

Pasado no mucho tiempo
le sonrió la fortuna
y el niño que fue harapiento
despejó su antigua hambruna.

Al fin él llegó a tener
varias tiendas panaderas
y para las socorrer
daba pan a las rameras.

A su familia llevó,
todos para la Argentina
y a todos trabajo dio
en el mundo de la harina.

Bien trajeado vestía,
no peinando ya las greñas,
las que en su infancia tenía
y olvidó las esparteras.

Y es el final de esta historia
dicha por el que no miente,
la conserva en su memoria
aquel buen niño Vicente.

LAS OLAS

Las olas vuelven al mar
con alas de espuma blanca,
salta el vencejo al pasar
con el compás de su danza.

Circunstancia de la vida
la que empuja a los humanos,
la que del honor se cuida,
la que mueve nuestras manos.

Qué felices son las rosas
regalando sus perfumes;
son como las mariposas,
las que evitan que te abrumes.

Esta vida es un rodar
desde la Ceca a la Meca,
un dormir y un despertar
como el de gallina clueca.

Cuando la suerte nos llama
sin haberlo merecido,
nuestra atención nos reclama
como a todo bien nacido.

Siempre viene la belleza
de las cosas de la vida,
cosiendo con gran destreza
las roturas de la herida.

No te dejo de llamar
por si te place venir;
siempre aquí yo voy a estar
para mi puerta yo abrir.

Navego yo entre las olas
con enorme convicción;
color de las amapolas
es el de mi corazón.

Navegar es mi emoción
y en mi eterno deambular
consumo la eterna unión
con el proceloso mar.

Cabalgando en una ola,
mi barco se balancea;
mi esperanza no va sola,
pues el aire la broncea.

Ansioso estoy por llegar
adonde sé que me esperas;
pido a las olas del mar
que sea yo quien tú prefieras.

Y si por causa probable
mi ilusión fuera baldía,
enfundaré yo mi sable
intentándolo otro día.

LO INEVITABLE

Anciano te estás haciendo
sin prisa pero sin pausa;
el tiempo que estás viviendo
es de tu final la causa.

Y no es que lo que te ocurre
sea una simple desgracia;
es que el vivir se te escurre
con ingente contumacia.

Aunque tú puedas vivir
a la sombra de una acacia,
se acabará tu existir
y hete aquí la gran falacia.

Mientras tú alientes, amigo,
y funcionen tus pulmones,
seguirás siendo testigo
del poder de los sermones.

Mas no trates de eludir
lo que a ti te pertenece;
es fácil el discernir
que lo que nace fenece.

Cuando mires hacia atrás,
verás tú lo que has vivido
y tú no querrás dejar
aquello que ya se ha ido.

Si la vida te persigue
es porque tú te mereces
el que tus dolos mitigue,
pues al mundo perteneces.

El sol que tu vida alumbra
iluminando el camino,
él destierra la penumbra
que entorpece tu destino.

Ay, si tú pudieras ver
en dónde vive la luna,
irías a todo correr
en busca de tu fortuna.

Vive feliz tu destino,
que nadie te lo arrebata
y nunca seas un cretino,
porque la cretinez mata.

Es tremendo comprobar
que lo que buscas no existe,
mas lo que vas a encontrar
es aquel toro que embiste.

Los envites de la vida
que te acosan sin llamarlos,
si te ganan la partida,
haz lo más por desterrarlos.

Pues vengan de donde vengan
siempre los vientos adversos,
haz tú porque se mantengan
alejados de tus versos.

Y si es tu andar el que guía
tu constante caminar,
acepta la profecía
que te lleva a terminar.

Y cuando tú te hayas ido
sin tú quererlo siquiera,
solo quedará el sonido
de una adusta plañidera.

MI JACA TORDA

Yo tengo una jaca torda
que galopa contra el viento,
con su tropel me desborda
las fibras del pensamiento.

Cabalga mi torda jaca
por los divinos caminos,
mi jaca siempre destaca
entre caballos cansinos.

Y le gusta cabalgar
persiguiendo a las estrellas
y se suele solazar
brincando entre todas ellas.

Es mi jaca la primera
en despertar con el alba;
no es una jaca cualquiera,
es suave cual la malva.

Y cuando quiero llegar
al destino yo el primero,
con su alegre cabalgar
me transporta con esmero.

Soy un gran afortunado
por tenerla disponible;
es como un delfín alado,
es mi jaca indefinible.

Mi jaca es la más ligera
galopando en la llanura;
llega siempre la primera,
mi jaca es la gloria pura.

Yo te quisiera llevar
montada en mi jaca torda
y a ti en su grupa montar
cuando mi amor se desborda.

Si mi jaca no existiera,
qué iba a ser de mi contento;
quizá lo que prefiriera
fuera perder todo aliento.

Pero, como ya te he dicho,
me acompaña la fortuna;
mi jaca no es un capricho,
pues como ella solo hay una.

Y si hubiera dos iguales,
¿la otra cómo sería?
¿Serían las dos tan cabales?
Eso nadie lo sabría.

Y es por eso que prefiero
tener yo mi jaca torda
y montarla con esmero
como quien con seda borda.

MI TERCER LIBRO

Mi último libro ha nacido,
otro más de poesía;
él de la imprenta ha salido,
es jirón del alma mía.

Un libro no vale nada
sin un alguien que lo lea;
es como el agua pasada,
es colmena sin jalea.

Y es que el libro tiene un alma
que dormida permanece;
ella se mantiene en calma
y que lo lean se merece.

Abre el libro, no lo dudes
y léelo con paciencia,
sumergiéndote en las nubes
de su divina consciencia.

Ay, libro que nadie abre
tus puertas de terciopelo.
Qué pena que nadie labre
esos surcos en tu suelo.

Y sin libros, qué sería
de la ciencia y de la historia,
pues nadie conocería
los pliegues de la memoria.

Gracias a los libros puedes
lo pasado conocer
y a los libros tú les debes
la esencia de tu saber.

Ayer un libro compré,
uno más de poesía,
y cuando a mi casa entré
lo puse en la estantería.

A leerlo he comenzado
en esta misma mañana
y compruebo alborozado
que es al mundo una ventana.

El porqué no me preguntes
de mi amor por la lectura,
por qué adoro los pespuntes
de lo que es literatura.

Amor, nobleza y lectura,
santa y bendita paciencia
es la forma más segura
de navegar con insistencia.

Y ahora he de terminar,
el libro me está esperando;
me invita a continuar,
con su voz me está llamando.

PERMANENCIA

Pero qué bello es vivir,
todos pretenden quedarse,
pues aman el existir
y nadie quiere marcharse.

Pero como en cualquier regla,
existen sus excepciones
y hay quien se las arregla
para conservar los dones.

Los dones que da la vida
y en conservarla se esfuerzan,
esquivando la embestida
y evitando que la tuerzan.

Quizá van por buen camino
en su ciego deambular,
sin conocer que el destino
los pueda perjudicar.

Que alguien me diga el porqué
de tanta ilusión perdida,
que alguien encienda el quinqué
que alumbra mi propia vida.

Hasta ahora no he logrado
a los sabios comprender,
ni caminando a su lado
qué quieren esclarecer

Tal vez sea mi ignorancia
la que me impide entender,
o la ignota petulancia
cuando suele aparecer.

Llevo años intentando
esta vida descifrar,
pero lo que estoy buscando
yo no he logrado encontrar.

Seguiré buscando, amigo,
siguiendo tu buen consejo,
pero si no lo consigo,
lo preguntaré al espejo.

Recuerdo a la bruja aquella,
la del cuento enrevesado,
la que durmió a la doncella
con un fruto envenenado.

Sus perversas intenciones
a la niña eliminaron,
pero amorosas razones
al final la despertaron.

La enseñanza de este cuento
todos la podemos ver:
con un soplo de buen viento
se logra permanecer.

POEMIZAR

Es asunto bien sencillo,
has de elegir un fonema;
dándole con el martillo,
quizá te salga un poema.

El escribir poesía
al alcance está de todos,
has de seguir tú la vía
y no exhibir malos modos.

Inténtalo, que tú puedes,
pues difícil no es la cosa;
escribe hasta en las paredes,
que la poesía es hermosa.

Nadie lo puede dudar,
aunque le falte afición,
que al poema deje entrar
como esencia del histrión.

Para amar a la poesía
y así poderla escribir,
desterrando la miopía
la belleza has de asumir.

Sublime es poetizar,
no es sencillo hacerlo bien;
intenta experimentar
sin descanso ni desdén.

Mas lo que yo no comprendo
por qué tiene detractores,
ni yo tampoco lo entiendo,
si un verso es como las flores.

Poetiza, que algo queda
en los rincones del alma;
suceda lo que suceda
un poema es paz y calma.

Lo que afirmo en estos versos
me lo dicta la razón,
que como soplos dispersos
salen de mi corazón.

Y si no me lo acreditas,
difícil que yo te crea;
si hay estrofas malditas
que venga Dios y lo vea.

Mis versos no son perfectos,
pero en el alma los siento;
son como palos enhiestos
que resisten al mal viento.

Cuando quieras intentar
comprender la poesía,
conmigo puedes contar,
pues aquí estoy todavía.

No sé si podré ayudarte,
pero yo lo intentaré;
poniendo todo mi arte,
tal vez lo conseguiré.

No sabes cuánto me alegra
el convencer a un amigo
que tomando una ginebra
haga poemas conmigo.

No lo pienses más, amigo,
que tú lo puedes lograr;
escucha lo que te digo,
tú podrás poemizar.

Y no cejaré en mi empeño
de que tal vez algún día
el que sin fruncir el ceño
tú amarás la poesía.

PREGUNTAS

Miro al cielo y me pregunto
quién mantiene a las estrellas,
y no es baladí el asunto,
porque brillan todas ellas.

Diminutas me parecen
cuando absorto las contemplo;
mis sentidos adormecen
igual que la paz de un templo.

Hay millares o millones,
o quizá haya muchas más,
y las más puras razones
sean el poderlas contar.

Quién se atreve a predecir
si su número es finito
y quién puede colegir
si su mundo es infinito.

Ahora que la nueva ciencia
traspasa nuestra galaxia,
se ve con más transparencia
y con humana ataraxia.

La ciencia nos dice ahora
que el universo se expande
y que crece sin demora
sin que nadie lo demande.

El hombre quiere saber
si existe vida exterior
y si puede suceder
que haya un algo superior.

La sempiterna pregunta
presente en las religiones
y la respuesta es presunta
en la Tierra y sus regiones.

Es muy lógico pensar
que en este inmenso universo
la vida se pueda dar
de modo cierto y disperso.

Desconozco si algún día
antes de que el sol se apague
el hombre con su osadía
descubre lo que hoy no sabe.

La empresa se antoja hirsuta,
y aunque nos suene a utopía,
la ciencia más absoluta
tal vez la resuelva un día.

Pero, ay, pobre de mí,
de simples entendederas,
pues yo nunca discerní
del trigo o paja en las eras.

PRINCIPIO Y FIN

Todo lo que tiene fin
es porque tuvo principio,
y aunque llegue hasta el confín,
puede acabar con un ripio.

Aquí pretendo exponer
algo que la vida encierra
y que lo suele esconder
dentro de la madre tierra.

Mas tenemos que aceptar
que el viento todo lo mueve
y ese todo va a ocultar
dentro del agua que llueve.

De la lluvia siempre hablamos,
el agua nos da la vida
y a los placeres mundanos
los oculta sin medida.

El hombre tiene un destino
que recibe cuando nace;
trazado tiene el camino
sin influir lo que hace.

Hay diversas opiniones
que explican nuestra existencia;
con científicas nociones
las suele explicar la ciencia.

Cada hecho consumado
se apoya en un paradigma,
mas todo nos viene dado
sin importar el carisma.

Buscamos nuestra ventura
para del mundo gozar,
pero este mundo es premura
que nos empuja a volar.

Para volar en el viento
alas se deben tener,
siendo solo el pensamiento
aquel que lo puede hacer.

Antes que el mañana llegue
y me alcance un vendaval,
deja que el ala despliegue
y comience a deambular.

Deambular no es la palabra
que define el movimiento,
sino el arado que labra
el humano sentimiento.

Los humanos tienen tiempo
para sus vidas vivir,
y no morir en el intento
hasta que se deban ir.

PRISIÓN PREVENTIVA

Ya tres meses en prisión,
yo tengo el alma cautiva;
me causa gran desazón
esta prisión preventiva.

Aunque desde hace unos días
una hora puedo usar
en calles casi vacías
para el virus esquivar.

¿Cuándo volveré a poder
desplazarme por doquiera?
La libertad es menester
para cruzar la frontera.

Tengo una casa en Illescas,
mi segunda residencia,
con plantas que estando frescas
son bellas por su turgencia.

Presumo que ya murieron
por la ausencia de cuidados,
todas ellas perecieron
como aguerridos soldados.

Lo siento, pues considero
que ellas son como mis hijas
y por la sed perecieron
o devinieron canijas.

Al igual que el que suscribe,
mis plantas están cautivas;
solo su esencia pervive
si alguien vela por sus vidas.

Deseando estoy de verlas
y al mismo tiempo temblando,
ellas eran como perlas
y así las voy recordando.

Qué pena a mí me produce
pensar en sus tallos muertos;
si su verdor no reluce
es que asemejan desiertos.

Esperemos que algún día
yo obtenga la libertad
y al igual que el avefría
recobre mi potestad.

Esa libertad que ansío
como al agua cristalina
que mana por el estío
de aquella fuente divina.

Esa fuente que alimenta
el nacimiento de un río,
la que su corriente alienta
con viento caliente o frío.

RECUERDOS

Mis recuerdos me acompañan,
son mis fieles compañeros,
son los que nunca me engañan,
son mis amigos sinceros.

Los tengo siempre presentes,
son los que me dan la vida,
son mis más fieles parientes,
son mi rosa más querida.

Recuerdos son de mi infancia
lejanos y verdaderos,
ellos tienen la importancia
de torrentes y aguaceros.

Mis recuerdos pueden ser
comunes y compartidos,
y otra persona tener
sus recuerdos más queridos.

Si recuerdas un amor
porque fue tu amor primero,
quizá no sea el mejor,
pero sí fue verdadero.

Lo vivido siempre queda
muy grabado en los recuerdos,
en libro de suave seda,
el que leen hasta los lerdos.

Recordar no siempre es
labor muy gratificante,
pues todo tiene su envés
si es recuerdo extravagante.

Recuerdo cuando tenía
cuatro años nada más
y a la escuela yo acudía
con mi regla y mi compás.

Esa escuela pintoresca
solo apta para niños
era un poquito dantesca
por sus fascistoides guiños.

Otra escuela para niñas
en aquel lugar había;
sufríamos de fuertes riñas
si alguno verlas quería.

Cualquier cosa era pecado,
vivíamos en un corsé;
había que ser recatado
como llama de quinqué.

Tiempos de férreas costuras
que hasta el alma nos llegaban,
cosa de las dictaduras
que en aquel tiempo imperaban.

Ahora mis recuerdos vienen
caminando entre los cedros
y en mi corazón mantienen
aristas de poliedros.

Qué pena que los recuerdos
de algunas mentes se borren;
los que dejan de estar cuerdos
y tras sus recuerdos corren.

Un humano sin recuerdos
es lo mismo que una piedra,
la que desprecian los cerdos
y se oculta entre la yedra.

Nadie que recuerdos tenga
y que esté en su sano juicio
deja que un extraño venga
a causarle un gran perjuicio.

Ahora recuerdo que debo
estos versos terminar;
son ellos como el placebo
que entretiene sin curar.

Te ruedo que me perdones
por tanto haberme extendido,
por volar en raudos drones
de un asunto tan manido.

Así que te digo adiós,
buena suerte y buen futuro,
y que algún propicio dios
te dé un destino seguro.

SIN FIN

Dicen que el tiempo no corre,
que se mueve lentamente,
pero el hecho es que transcurre
como de un río su corriente.

Inexorable es el tiempo
para el cuerpo y las neuronas,
raudo pasa como el viento
agostando a las hormonas.

En la juventud creemos
que el tiempo no tiene fin,
pero desde que nacemos
él corre cual bailarín.

Qué buena cosa sería
poder al tiempo parar,
modelando su cuantía
y al tiempo domesticar.

Tiempo que corta el aliento
cual navaja de Albacete,
que sin hacer aspaviento
contra la vida arremete.

Su furia la lleva oculta
en sus líneas invisibles
y de su pasar resulta
que no todas son punibles.

La vida, ese don preciado
que se nos da a los vivientes,
don que lleva aparejado
el ser seres contingentes.

Todo lo que nace crece
se multiplica y perdura,
pero aquí no permanece,
pues lo azuza la premura.

Y aunque vivir se desee,
el vivir es pasajero
y lo que aquí nos posee
es la muerte y no el dinero.

El brillo de la fortuna
hace memo al más pintado,
y si vida solo hay una,
para qué vivir cuitado.

Aquí estamos por un rato
para cumplir la función,
como contingente nato
vivimos de una ilusión.

Y como dije al principio,
lo que nace tiene fin
y así termina este ripio
con un toque de clarín.

VERANO

Cuando llegaba el estío
despertaban las cigarras,
cantaban en el baldío
y en las verdes alcaparras.

Mientras otras laboraban
pensando en el duro invierno,
las cigarras alegraban
con su cantar sempiterno.

La actitud de la cigarra
que canta con desparpajo
a la sombra de la parra
alegra al que está debajo.

Pues todo no es trabajar,
la alegría es necesaria;
de la cigarra el cantar
dignifica al pobre paria.

Nunca lo alegre desprecies,
pues holgar es necesario,
ya que en todas las especies
existe el duro calvario.

Por cierto, si no sientes ni padeces,
¿a qué vienen tus protestas?;
disfruta con las florestas
que tú tal suerte mereces.

Y si no sabes gozar
y siempre estás compungido,
el mal no podrás lidiar
y vivirás desvalido.

No me canso de decir
que la vida es contingente
y necesario es vivir
a favor de la corriente.

La corriente que nos lleva
adonde está el infinito
y nuestra ilusión renueva,
ya que salta de hito en hito.

Pero no siempre es posible
el infinito alcanzar,
y aunque sea apetecible,
difícil es de lograr.

Y de aquí la consecuencia
que de estos versos se extrae:
hay que vivir en conciencia,
pues esta a la suerte atrae.

Y no debo concluir
sin dar las gracias al cielo
y en estos versos decir
«amigo, levanta el vuelo.

VOLCÁN

*Pensando en los primitivos pobladores
de la isla de La Palma y, al mismo tiempo,
deseando a los actuales que todo se resuelva pronto.*

Un volcán es el suspiro
que la madre tierra exhala,
emitiendo un gran rugido
como el tigre de Bengala.

No se detiene ante nada,
las barreras sobrepasa
y en su furia desatada
todo obstáculo traspasa.

Su ceniza y sus vapores
quieren alcanzar el cielo
y en tremendos estertores
extiende su oscuro velo.

En tiempo no tan lejano
algunos lo veneraban
y el misterio de su arcano
a los dioses lo achacaban.

Tiempo hubo de pasar
para que el hombre lograra
el misterio descifrar
cuando la ciencia él usara.

Como vino sucediendo
por su ignorancia supina,
el humano fue sufriendo
los temores y la ruina.

Creyendo que era divino,
le ofrecían sacrificios
y su ignorancia devino
en oscuros maleficios.

Arrojaban a doncellas
a la roja lava ardiendo,
pidiéndole a las estrellas
que los fueran protegiendo.

Parece ser que las niñas
su sacrificio aceptaban
y como uva de las viñas
alborozadas saltaban.

Hoy miramos con horror
prácticas tan inhumanas,
viendo como deshonor
segar vidas tan tempranas.

Desde que el árbol dejó
el hombre ha evolucionado,
pues ni de lejos pensó
que iba a ser civilizado.

Pero todo no ha perdido,
pues en su interno conserva
un orgullo desmedido
odiando a la madre tierra.

II. AMOR

Amor ignorado

Si tú me dices ven,
vendo el cortijo
y si aparcas tu desdén,
te juro que me corrijo.

Como ves, todo te ofrezco
con tal de que tú me aceptes
y una señal te agradezco
para yo engrosar tus huestes.

Me da igual lo que me pidas,
sea la luna o las estrellas,
pues cuando tú lo decidas
te bajaré todas ellas.

No me importa su distancia
ni su peso y su tamaño.
Lo que más tiene importancia
es que no uses el engaño.

El acuerdo que alcancemos
seguro será el mejor,
con tal de que nos amemos
sin ambages ni temor.

Bastante yo podré darte
grandes bienes materiales;
recibirás de mi parte
mis fabulosos caudales.

Desconozco qué acontece
para tu actuar tan frío;
sé que mi amor no merece
un desprecio tan impío.

La otra a mí no me importa,
ni los hijos que ya tengas,
ni los riesgos que comporta;
lo que deseo es que tú vengas.

O que yo vaya, es igual,
pues hay la misma distancia,
siendo este encuentro crucial,
sea en mi portal o en tu estancia.

Desde el día en que te vi
mis ojos se encandilaron
y fue entonces que perdí
a quienes tanto me amaron.

Mas mira si te querré
que quiero beber tu agua
y siempre te seguiré
siendo el fuego de tu fragua.

Te lo ruego, no me ignores,
pues te aseguro que existo;
acepta tú estas mis flores
y perdóname si insisto.

Cuánto lo siento, mi amor,
que separados vivamos,
pues sería mucho mejor
que dos en uno seamos.

Con estos versos quisiera
que de mi amor te percates
y que todo el mundo viera
que soy cual los viejos vates.

DESTINO

Ese tren en el que viajas
nunca llega a su destino;
tendrá todas las ventajas,
mas se pierde en el camino.

Yo siempre viajo en calesa
para más pronto llegar
a la muy llana dehesa
donde te podré encontrar.

Y si acaso allí no estás,
porque levantaste el vuelo,
espero que un día vendrás
a curar mi desconsuelo.

Y si así no lo consigo,
pues sigues sin escucharme,
seguiré siendo un mendigo
y tú, quien no quiere amarme.

No sé si tú lo conoces,
el porqué de mis desvelos,
por qué amores tan precoces
son la causa de mis celos.

Yo conozco la razón
de este largo sinvivir
que me parte el corazón
hasta querer yo morir.

Pero aquí yo permanezco,
a pesar de no encontrarte,
y aunque no me lo merezco,
mi amor yo quiero mostrarte.

Escúchame, por favor,
allí donde tú te halles
lo que te ofrezco es mi amor
en los ríos y en los valles.

Quisiera saber cantar
para decírselo al viento
y así poder espantar
este amargo sufrimiento.

Mas como cantar no sé
tengo que juntar mis manos
y rezarle yo a Undivé,
que es el dios de los gitanos.

Soy marinero sin puerto,
mi mal ya no tiene cura;
mejor quisiera estar muerto
que aguantar esta locura.

Siempre yo suelo escuchar
que hay que vivir con mesura
y pelillos a la mar
en la larga singladura.

EL BORDE DE SU VENTANA

Al borde de su ventana
la niña ansiosa esperaba
al que allí cada mañana
siempre cerquita pasaba.

Para la niña, el doncel
era toda su alegría;
siempre soñando con él
por ser a quien más quería.

Siempre esperando el momento
que su amor le declarara,
siempre aguardando que el viento
a su lado lo acercara.

A la niña en su ventana
otros mozos la rondaban,
mas siempre cada mañana
ella al joven esperaba.

El sol seguía luciendo
en el lejano horizonte
y la niña allí sufriendo
en las manos de Caronte.

Y pasaban los momentos,
la niña seguía esperando
y por mor de malos vientos
ella se iba marchitando.

Cuando sus pasos oía,
su alma se alborotaba;
lo que ella no sabía
era que el tal no la amaba.

Y así transcurren los días,
aguardando al hombre amado
y en las esperas baldías
el tiempo va desbocado.

Pero una triste mañana
el galán no apareció
y la niña en su ventana
desconsolada lloró.

A la niña le dijeron
que el galán a otra amaba
y que en su reja lo vieron
mientras ella lo esperaba.

Y sucedió lo esperado:
el mancebo se casó
con la niña del colmado
y la doncella lloró.

Esto suele acontecer
con relativa frecuencia;
el amor suele esconder
el sufrimiento y la ausencia.

Esperanza

Ay, si coger yo pudiera
todo el cielo con mis manos;
el cielo a ti te lo diera,
mal que pese a lo tiranos.

Cielo que tan lejos veo
en mi sueño y mi vigilia,
en los brazos de Morfeo
o al calor de la familia.

Ya sé que poco te importo,
por no decirte que nada,
y como un ciego me comporto
que, sin ver, busca a su amada.

A veces sueño que vienes
en un vuelo hacia mi vera,
mas encanecen mis sienes
por culpa de esta quimera.

Mírame tú, por favor,
no hagas que de amor perezca;
te lo juro por mi honor,
yo imploro que tu amor crezca.

Mi corazón se alboroza
cuando a hurtadillas te miro
y tu desprecio me destroza.
¡Con lo mucho que te admiro!

En vez de yo ser amado,
soy como un perro sin amo;
yo me siento destronado
y así me invade el desánimo.

Si me miras a los ojos,
verás con qué amor te miran,
pues mi amor no son despojos
que por no servir se tiran.

Porque desde que te vi
con tu vestido morado,
yo sigo pensando en ti
sintiéndome abandonado.

Yo no sé si este abandono
obedece a un gran desprecio;
si es así, yo te perdono,
aunque me tomes por necio.

Y aunque tú siempre me ignores,
mi alma expectante sigue
manteniendo sus temores,
ya que el dolor la persigue.

Y mantengo la esperanza
del cielo poderte dar
y he de hacerlo sin tardanza
para tu amor conquistar.

INSISTENCIA

Me agradaría que cesara
tu acoso constante y fiero,
y olvidaras tú mi cara,
pues mira, ya no te quiero

Te aseguro que algún día
tú fuiste todo mi mundo
y, además, mi faro y guía,
y mi sostén más fecundo.

Hoy que ya todo es distinto
fenecieron mis anhelos,
confinando en un recinto
el frío de mis deshielos.

Mi corazón no se altera
cuando a mi lado te acercas;
es como semilla huera
como de un huerto sin cercas.

Si atrás volver yo pudiera
comenzando nuevamente,
mi vida distinta fuera
sin tu soplo impertinente.

Pero como no es posible,
las cosas son como son;
retroceder no es factible,
esta es la pura razón.

Ahora es todo inexorable,
acéptalo con cordura,
pues lo que es inevitable
es la exquisita cordura.

La vida da tantas vueltas
como la esfera del mundo;
no existen las cosas ciertas,
todo cambia en un segundo.

Ya sé que te gustaría
desandar aquel camino
que recorrimos un día,
mas nos lo impide el destino.

Por favor, piensa con calma
y elige tu nueva senda,
dándole luz a tu alma
y conquista a quien te entienda.

Yo mil veces te lo digo:
por ti ya no siento nada,
pues ya cerré mi postigo
y envainé mi vieja espada.

Olvídate del pasado,
haz lo que más te convenga
y procúrate a tu lado
a quien más dinero tenga.

POR AMOR AL VINO

Me place hacer estos versos
que describen al buen vino,
el de colores diversos,
el que me alegra el camino.

El tinto color rubí,
el blanco color miel clara,
el rosado carmesí
que le da brillo a tu cara.

Hay quien lo tiene vetado
por mor de su religión;
lo considera malvado
porque alegra el corazón.

Todos debieran saber
que el buen vino es bendición
y lo que se debe hacer
es beber con moderación.

Igual que todo en la vida,
el vino no es excepción;
todo en su justa medida,
lo demás es adicción.

Esa emoción que da el vino
elimina las tristezas
y hace nítido el destino,
y de los males purezas.

Con el vino los humanos
son más justos y felices,
descifrando los arcanos
y los divinos matices.

Vino que vino del cielo,
vino que a los dioses place,
vino que descorre el velo,
vino que horrores deshace.

Cuando quieras tú saber
por qué el vino tonifica,
ven a mi casa a beber
y sabrás qué significa.

Vino tinto con buen queso,
el blanco con el marisco,
placentero como el beso,
suave como el malvavisco.

Vinho verde portugués,
el que es propio de la guerra,
el que rechaza el marqués,
vinho simple de la tierra.

Vino que alegra al doliente
es el vino que aquí enjuicio,
el vino polivalente
que agradada al dios Dioniso.

SOLEDADES

Yo nunca me encuentro sola,
pues me acompaña el sonido
de una blanca caracola
cantándome a mí al oído.

Qué bonito es escuchar
el rumor que trae la brisa;
fabuloso es despertar
al borde de la banquisa.

Gaviotas y vencejos,
pingüinos y cormoranes,
todos vienen de muy lejos
a reunirse con sus clanes.

Grandioso es contemplar
las olas que con su espuma
sus gotas van a estrellar
bajo la luz de la luna.

En la inmensa lejanía
donde acaba el horizonte
navega la barca mía
cual imponente bisonte.

Cuando Neptuno permite,
fastuoso es navegar,
evitando aquel envite
que nos lleva a naufragar.

Los peces que siempre nadan
sin estar la mar serena
con las olas no se enfadan,
la mar siempre encuentran buena.

Las aves lo mismo hacen,
pero su mar es el cielo
y las hay que en el mar pacen
usando el pico de anzuelo.

Es divino contemplar
cuán es la grande destreza
con que nos vino a dotar
la madre naturaleza.

Si atentamente lo miras,
verás lo que está pasando
y sabrás que no hay mentiras
ni verbos de contrabando.

Todo se reduce a esto
que a la vista siempre está,
ya que están en el mismo cesto
la belleza y la maldá.

Sabemos que el mal existe,
porque Undivé lo permite;
esto es la cosa tan triste
que mi caletre no admite.

III. PERSONAJES

ALEGRÍA

Siento una enorme alegría
al poder participar
con esta mi poesía
humilde y particular.

Yo no sé si ser poeta
es reunir las palabras
o si el poeta es asceta
que vive de cuidar cabras.

Lo tengo que preguntar
al primer sabio que encuentre,
pues yo quiero averiguar
si es poeta quien más miente.

Las razones de mis dudas
proceden de mi ignorancia,
de las carencias más crudas
que nacieron con mi infancia.

Por fin al sabio encontré
y en lugar de él enseñarme,
quiso saber el porqué
de todo quería informarme.

Qué clase de sabio era
si solo sabía una cosa:
que la mujer extranjera
siempre era la más hermosa.

A Sócrates conocía
de haber leído a Platón,
dijo «la filosofía
me dará la solución».

La palabra «poesía»
es madre de la canción,
rima con filosofía,
pero no con campeón.

Ahora que tiempo yo tengo
por hallarme jubilado,
en escribir me entretengo
como ya tenía pensado.

Me encanta la poesía
desde mi más tierna infancia;
con mi pluma la escribía,
pero sin darle importancia.

Hacerlo bien yo procuro
como en el arte de esgrima;
si está bien no estoy seguro,
pero lo que sé es que rima.

No quiero polemizar
ni entablar una porfía;
lo que quiero es disfrutar
escribiendo yo poesía.

ASTUCIA

Estaba una zorra un día
oculta en su madriguera,
donde siempre se escondía
cerca de la verde higuera.

Cada noche ella salía
a procurarse el sustento,
pensando que allí no había
más oponente que el viento.

Una noche que en la higuera
higos estaba comiendo
el can que aguardaba fuera
hacia allí vino corriendo.

Pero la zorra al canino
utilizando su astucia
le engañó sobre el camino
utilizando una argucia.

El cánido corrió presto
adonde la zorra le dijo,
pensando sin gran arresto
en aquel burdo acertijo.

La zorra talento tiene
para al cánido engañar
y cuando aquel perro viene
ella se suele ocultar.

En la fábula se dice
que la zorra es talentosa
y que el futuro predice
con su mente poderosa.

A una volátil paloma
a la zorra preguntó:
«¿Por qué te gusta la loma».
Y la paloma respondió.

«Sobrevolar las colinas
me permite al mundo ver
y anidando en las encinas
a mis huevos proteger».

La zorra, que es muy ladina,
averiguó que los huevos
puede encontrar en la encina
en todos los nidos nuevos.

Confiada la paloma
en que la zorra estaría
apartada de la loma
y su nido no hallaría.

Y así fue como la zorra
a los huevos alcanzó
y encaramada en la loma
todos ello se comió.

DON FLORENCIO DE ALPICOZ

Don Florencio de Alpicoz
y Florón de las Higueras
nunca usaba el albornoz,
pero adoraba las peras.

Tenía muchas fortalezas
y también carencias varias;
era un hombre de grandezas
y de ideas estrafalarias.

Algún título tenía,
pues era de la nobleza,
mas dinero poseía
para eludir la pobreza.

Amante de la porfía
y muy duro en el combate,
siempre el noble prefería
escuchar cantar a un vate.

Él era un gran bebedor,
porfiante y mujeriego;
en los lances del amor
era sordo, mudo y ciego.

Selectivo no lo era
a la hora de elegir;
le iba igual la zapatera
que la esposa del emir.

Pero un niño él ya no era,
pues peinaba blancas canas
y más de una vez durmiera
en blandas y ajenas camas.

Por su afición al amor
del prójimo las mujeres
devenía en corredor
persiguiendo los placeres.

Su mal no era corregible
ni con buena medicina
por su conducta punible
con la amiga y la vecina.

Más de una vez visitó
el oscuro calabozo,
pero nunca escarmentó,
pues era un adicto al gozo.

El amador de este cuento
muchas veces se sustancia,
pues corriendo contra el viento
a nada le da importancia.

Y esta es la historia, señores,
del hombre del albornoz,
del amante de las flores,
don Florencio de Alpicoz.

EL FANÁTICO

Hay un espécimen malo
que resulta peligroso,
de cabello negro y ralo
y violento como el oso.

Es terco cual mula torda
dispuesto a morir matando;
forma parte de una horda,
la que adictos va ganando.

Cada día es más tenebroso,
su influencia es manifiesta,
es un ser calamitoso,
el que siempre agua la fiesta.

No admite la discusión,
la verdad siempre la tiene;
suya es siempre la razón
y hace lo que le conviene.

Es un cretino taimado;
cuando dice ser tu amigo,
mejor que le des de lado;
si no, acabará contigo.

En el mundo cambiante
en el que ahora vivimos
este chorizo mangante
se apropia de los racimos.

Él pretende ser amable
para poderte engañar,
clavando en tu espalda un sable
para contigo acabar.

Si te anula, va a por otro;
de hacer mal nunca se cansa,
te da tormento en el potro
y nunca hacer mal descansa.

Tú veras que es sigiloso;
en sus formas, convincente;
es bastante proceloso,
así como inteligente.

Va ganando más adictos
a los cuales va engañando,
y aunque se crean muy listos,
en sus redes va atrapando.

Creo yo haberlo descrito
a este perverso lunático,
a este dañino cabrito,
muy peligroso fanático.

Escucha lo que te digo
y en la trampa tú no caigas.
Hazme caso, buen amigo,
confiado no te abstraigas.

EL HOMBRE Y EL OSO

El oso es un animal
imponente y peligroso;
es su abrazo tan fatal
que salvarse es milagroso.

Los hay de varios colores:
negros, pardos y hasta blancos;
son terribles cazadores
en quebradas y barrancos.

Guárdate del oso, amigo,
que es rápido y muy tenaz;
cree muy bien lo que te digo,
pues de matarte es capaz.

Comen yerba y comen carne,
más pescado y cualquier cosa;
si uno veo, yo he de fugarme,
ya sea oso, ya sea osa.

Los blancos son diferentes
hijos de la evolución;
son más grandes y potentes,
tan fieros como el león.

Comen de forma distinta,
pues de focas se alimentan;
las cazan con una finta,
aunque al verlo ellas se espantan.

Comparamos hombre y oso
con un dicho aquí en España,
«si es más feo es más hermoso»,
y es que la apariencia engaña.

Y no sé por qué será
que al oso todos le teman;
si intuyen que arribará,
sus precauciones extreman.

Hay un oso blanco y negro,
el que siempre amor demanda,
el que al verlo yo me alegro,
me refiero al oso panda.

Durante el invierno duerme
el oso en su madriguera;
de él habré de defenderme
al llegar la primavera.

Él, hambriento se despierta,
comiéndose cualquier cosa,
pero una cosa es muy cierta:
que no es igual oso que osa.

A esta suele acompañarla
uno o un par de retoños;
delicioso es contemplarla
al amor de los madroños.

El Pamplinas

Le llamaban el Pamplinas
por estar siempre enojado.
Su casa eran las esquinas;
su sustento, el pan mojado.

El Pamplinas no tenía
un báculo en que apoyarse,
pues el pobre no sabía
en qué techo cobijarse.

Falto de todo, el Pamplinas
a los demás se acercaba;
sólo comía las sardinas
que alguno le regalaba.

Él madre no conocía,
tampoco si tenía padre;
por no tener no tenía
ni un perrito que le ladre.

Y así su vida pasaba
sin amor y sin compaña;
ya nadie se le acercaba
a su mísera cabaña.

Nunca tuvo amor de madre,
ni el más mínimo consuelo;
por sombra tuvo el baladre
y por lecho el duro suelo.

La fortuna no existía
para el cuitado Pamplinas;
de limosnas se nutría
y el fruto de las endrinas.

El Pamplinas no sabía
cómo encarar su desgracia,
pero muy bien conocía
el horror de la falacia.

Y por más que lo intentaba,
el Pamplinas no podía
abandonar la ensenada
donde su mal residía.

«La suerte me viene a ver»,
dijo el Pamplinas un día.
«Por fin dejará de ser
mi vida una noche fría».

Un día de luz radiante
el buen Pamplinas murió,
y desde aquel mismo instante
su sufrir se terminó.

Y fue por mor del destino
que su penuria acabó;
llegó al final del camino
y el cielo lo reclamó.

EL PÍCARO

Pícara es una persona
muy amiga de lo ajeno,
que salta de llano a loma
llegando hasta el mar Tirreno.

Vive siempre del engaño,
de pequeñas fechorías;
él practica año tras año
sus pequeñas golferías.

El pícaro es el producto
genuino de esta España;
utiliza él el conducto
del engaño y la patraña.

Lo hace de forma especial,
nunca causa grandes daños;
es su actuar natural
cual pastor con sus rebaños.

Y también en la política
los pícaros encontramos
y no es cuestión de analítica,
sino es porque los votamos.

De mayor envergadura
son los que usan lo ajeno;
estos son de raza pura,
pues se lo llevan de pleno.

Pero este no es el momento
de tal especie tratar;
sólo al pícaro del cuento
lo queremos mencionar.

El pícaro sobrevive,
lo hace todos los días,
y él siempre lo consigue
a base de picardas.

Un pícaro muy valiente
tenía recursos enormes;
era guía del invidente,
el Lazarillo de Tormes.

Pícaros encontrarás
sin que tengas que buscarlos;
de ellos no te librarás,
aunque intentes esquivarlos.

Son pícaros los tenderos
que en el peso hacen la sisa;
son pícaros y usureros,
aunque vayan siempre a misa.

Mi consejo es que te libres
del honrado de apariencia
y emplees tus ratos libres
en combatir la indecencia.

EN MIS CABALES

Los poemas que yo escribo
fluyen de mis manantiales
y cantarlos no concibo
si no estoy en mis cabales.

Para rimar las palabras
no hace falta mucha ciencia,
solo saber dónde labras
más un poco de paciencia.

En los surcos que yo abro
siembro allí cada vocablo;
te digo que no es milagro
porque sé de lo que hablo.

Mi alma triste se torna
cuando escucha tus lamentos,
y aunque la mires con sorna,
elude tus aspavientos.

Me pregunto compungido
por qué te muestras esquiva;
no sé lo que has elegido,
ni qué es lo que te motiva.

Ni el perfume de las rosas
conmueve tus pensamientos,
ni las cosas más hermosas
aquietan tus negros vientos.

Montas en blanco corcel
sobre su lomo de fuego
y emprendes raudo tropel
sin siquiera un hasta luego.

Lo tuyo es la despedida,
de piedra es tu corazón,
te marchas siempre enseguida
sin una sola razón.

Siguiendo la blanca estela
que mis versos van dejando,
es su rimar quien consuela
cuando ve que estoy llorando.

Nadie puede imaginar
de dónde es tal demasía;
viene a mis sueños trocar
matando a mi poesía.

Poesía inmaterial
que estimula las pasiones,
es cosa tan especial
que enciende los corazones.

Ojalá que mis poemas
hagan que se mueva el viento
y que al destino no temas,
ni a tu propio pensamiento.

Como al principio ya dije,
se ha de estar en sus cabales;
sin ser sabio yo predije
que verdes son los trigales.

Y aquí lo dejo, mi amigo,
pues no vayas a pensar
que yo desprecio al mendigo
y a su incierto caminar.

IMPOSIBLES

Muy escaso de estatura,
mas de cerebro cumplido,
de vida estresante y dura,
de natural concernido.

Su riqueza es la escasez,
de lo esencial él carece,
vuelve a pensar otra vez
que tal baldón no merece.

Cuando compara la suerte
que le impuso su destino,
prefiere la dulce muerte
a tan odioso camino.

Y no es que él odie la vida,
ni a los pudientes desprecie,
pero al no encontrar salida,
añora lo que carece.

No es de grandes ambiciones,
solo rechaza el calvario
de los negros nubarrones
que humedecen su sudario.

Como se dijo al inicio,
su porte es igual a poco,
muy breve su frontispicio,
a fe que no me equivoco.

De talante distendido,
de cultura limitada,
mas dentro tiene escondido
el recuerdo de su amada.

Nunca ella llegó a saber
del amor y el gran empeño,
pues él guardó su querer
sin intentar ser su dueño.

Qué duro debió de ser
para el gran desheredado
el tener que deshacer
lo que nunca había expresado.

La última vez que la vio
fue junto a la vicaria;
con otro se desposó,
¡con tanto que él la quería!

Por tan escasa importancia
nadie descifró el misterio,
el de por qué circunstancia
terminó en un monasterio.

Ella un día conoció
del oculto enamorado,
pero de nada valió,
pues él ya estaba enclaustrado.

LA CONTRA

Llegó al puesto mansamente,
sin haber roto ni un plato,
mas sucedió de repente
que cambió su relato
por otro más contundente.

No está conforme con nada,
solo con lo que le gusta;
siempre se encuentra enfadada;
solo su causa es la justa,
los demás le importan nada.

Nadie apoya sus medidas,
ni siquiera sus colegas;
sus ideas vagan perdidas
en los cielos de las meigas
y en la sartén de las migas.

Difícil de comprender
qué quiere la maestresa,
si ella pretende correr
como pollo sin cabeza
y al incauto sorprender.

Y aquí está la su maldad,
con su dañina insistencia
cree poseer la verdad
y lo que dice la ciencia
es pura casualidad.

Sustituyó a la anterior
creando la expectativa
de que iba a ser mejor,
y no iba a ser la diva
que actuara sin rubor.

Es curiosa su actitud,
por no decir peligrosa,
pues jugar con la salud
no es una buena cosa,
ni hacer como el avestruz.

Y parece estar muy claro
que ella se lava las manos
y no le importa un denaro
el común de ciudadanos,
pues los ve cual bicho raro.

A ver cómo esto termina,
quiero decir, la pandemia;
si alguien el bicho elimina
acabando con la endemia,
que no es ninguna pamplina.

La espécimen de que hablo
es de un tipo peculiar;
cree estar en el retablo
de su altar particular
en lugar de en un establo.

Madre del amor hermoso,
haz que ya se marche a casa,
y que pongan a un talentoso
que conozca lo que pasa
y no a un taimado tramposo.

Y yo pido esperanzado
que el pueblo la sustituya
por alguien atemperado,
que deje de usar la puya
como si fuera un arado.

LA GRAVEDAD Y LA ESPERANZA

La gravedad a mí me acosa
con su inaudita maldad
y mi vida hace penosa
coartando mi libertad.

Cuando algo se me escapa
de la pinza de mis manos,
mi malestar se solapa
con un vibrar de espartanos.

Pido insistente a los cielos
que paren la gravedad
y que frenen mis canguelos,
pues quiero mi libertad.

La libertad de agacharme
como en los tiempos pasados,
sin tener que deslomarme
al coger pesos pesados.

Qué fácil me resultaba
pegar las palmas al suelo;
lo bien que yo me agachaba
sin por ello hacer un duelo.

Decidí yo hace algún tiempo
que si una moneda veo,
de cogerla yo disiento
por el dolor que preveo.

No quiero perjudicar
a la mi frágil espalda;
mi dolor yo quiero ahorrar,
pues su recuerdo me escalda.

En el suelo yo la dejo
para que otro la recoja;
no se trata de un complejo,
es que mi espalda está floja.

¿Recuerdas cuando tenías
tus veinte años de edad?
Todo tú lo resistías
con magnífica equidad.

Razona y también recuerda
que las fuerzas te abandonan,
que tu existir no concuerda
y los años no perdonan.

Si otra vez nacer pudiera,
todo sería diferente
y olvidar yo no debiera
que soy un ser contingente.

¿Y tú crees que la ciencia
lo conseguirá algún día?
Armémonos de paciencia,
cumpliendo la profecía.

El consuelo que nos queda,
el que dan las religiones,
que vivirá aquel que pueda
en recónditas regiones.

Promesas, solo promesas,
pues nadie nos asegura
que conoce las dehesas
de la yerba verde y pura.

Aunque sea cuestión de fe
el creer en la otra vida,
esperemos se nos dé
el santo que nos bendiga.

¿No será todo ilusión
y esto no pueda pasar?
Tengamos resignación
y así dejémoslo estar.

MÚSICOS

Yo recuerdo el instrumento
que amaba como a su novia,
tocándolo era un portento
el ínclito Andrés Segovia.

Otro insigne tocador,
el de la guitarra clásica,
alcanzó gran esplendor
haciendo música básica.

Él en Lorca vio la luz.
Por favor, no me discrepes;
no era un virtuoso andaluz,
pero sí Narciso Yepes.

Nació en tierras del Segura,
río de la huerta murciana,
el que tuvo el agua pura
una lejana mañana.

Y si hablamos de la huerta
de diseño, sarracena,
hoy se marchó por la puerta
al campo de Cartagena.

Y por ella se fugó
saltándose las pedrizas,
y sus tierras convirtió
en emporio de hortalizas.

Yo recuerdo mi niñez
en las tierras de secano,
cuando segaban la mies
en el tórrido verano.

Y aunque saltar ya no pueda,
lo hago con el pensamiento;
al menos eso me queda,
el dar mi salto en el viento.

Si tú quieres, me acompañas
en mis ciegas cabriolas,
recorriendo las Españas,
cabalgando blancas olas.

Al menos, dame tu aliento,
que me permita saltar,
y aunque mi salto sea lento,
será un salto singular.

Ay, si yo fuera capaz
de emular al gris mochuelo,
nocturna y noble rapaz
que se posa en el majuelo.

Si te dicen que me han visto
saltar en la madrugada,
será porque me resisto
a ser parte de la nada.

Verdad es que nos resistimos,
porque aquí todo dejamos,
pues de la nada venimos
y a la nada regresamos.

REALIDAD

No tengo miedo a la parca,
pero morirme no quiero;
tengo guardado en mi arca
todo aquello que prefiero.

No son cosas materiales,
son alimentos del alma,
y aunque no cosas reales,
son las que me dan la calma.

Por Dios, qué bella es la vida
en un cuerpo sano y fuerte,
es la dicha engrandecida
que siempre vence a la muerte.

No tienen color ni forma,
son intangibles burbujas
que, saltándose la norma,
esquivan siempre a las brujas.

Mantienen la mente abierta
por siempre estar trabajando
y, al encontrarse despierta,
va en las olas cabalgando.

¿Dónde se encuentra la mente?
En el cerebro, tal vez
estará cruzando el puente,
recuerdo de mi niñez.

El hombre desde el inicio
se comenzó a preguntar
por qué mata el precipicio
si en él pretendes volar.

Los que más cultos se creen
saber, saben casi nada,
pues en sus mentes poseen
la sapiencia de la espada.

Quienes se dan importancia
y la envidia se los come
tienen gran intolerancia,
la soberbia los carcome.

Con la humildad, pues, se ganan
amigos y admiradores,
pues los humildes se afanan
en restañar los temores.

Cuando pienso en estas cosas,
no siento temor alguno,
ya que como hacen las rosas
todo mi entorno perfumo.

Si vacío queda mi nido
y muchos amigos tengo,
aunque yo ya me haya ido,
muy presente me mantengo.

UN SABIO

Un sabio que transitaba
por los senderos del cielo;
él sabía lo que buscaba,
enterrar su desconsuelo.

Lo que el sabio no sabía
era que no era posible
encontrar lo que quería,
pues ello no era factible.

Pero fue su gran sorpresa
que cualquier pequeña cosa
como encina de dehesa
puede ser bella y hermosa.

El sabio llegó a pensar,
aunque solo fue un instante,
que en su eterno escudriñar
seguía siendo un ignorante.

Ignoraba casi todo,
aunque el amor perseguía
buscando de cualquier modo
encontrar a quien quería.

Caminando entre las nubes
con gran humildad y pasión,
pensaba «cuanto más subes,
antes te alcanza el perdón».

El perdón que todos buscan,
olvidando los agravios,
obviando a los que se ofuscan
en despreciar a los sabios.

El sabio cuanto más sabe
percibe que más ignora;
ahí es donde está la clave
de por qué el saber implora.

A un sabio le pregunté
por qué sabio le llamaban
y esta su respuesta fue,
porque todo lo ignoraban.

Quien escribe convencido
de que sabe las respuestas
es un fatuo empedernido
que flota en las olas muertas.

Olas que su cuerpo mecen
cuando el buen sueño lo invade,
olas que allí permanecen
y esto el sabio no lo sabe.

Si supiera cómo hallar
aquello que siempre busca,
cesaría de deambular
parando de forma brusca.

Pero como no lo sabe,
él sabio no puede ser,
le falta tener la clave
del saber y el entender.

«Saber lo poco que sé,
esa es mi sabiduría;
a mí me oprime el corsé
de la ignorancia baldía».

Te ruego que me permitas
mostrar yo mis pensamientos,
que aunque sean ideas marchitas,
son movidas por los vientos.

Y por mucho que lo intente,
yo no lo puedo evitar,
soy un sabio impertinente
que sólo sabe ignorar.

Y aquí termina esta oda
sobre la sabiduría;
ella la escribió un rapsoda
que saber, nada sabía.

ZOON POLITIKON

Tiene el político un don
que es adorar la ventaja
de adueñarse del sillón
y la llave de la caja.

Hace muy bellas promesas
para los votos ganar
y con mentiras diversas
al pueblo suele engañar.

Nada le importa el votante
una vez que el poder tiene;
se rodea del mangante
que sus ventajas mantiene.

¿Y por qué no escarmentamos
y los seguimos poniendo
para que metan las manos
en la caja? No lo entiendo.

Y buena cosa sería
la lógica reacción
de mandarlos a la ría
a pescar el mejillón.

Allí muy bien estarían
ganándose su sustento
y así más no mangarían
ni vivirían más del cuento.

Ya sé que eso no es posible,
porque no nos proponemos
hacer el sueño factible
y hacer que empuñen los remos.

Es la barca de la vida
la que nos lleva a destino
y que se encuentra escondida
en sinuoso camino.

Me pregunto compungido
con mis sentidos pensantes
el porqué del sinsentido
de apoyar a los mangantes.

¿Y por qué, si lo sabemos,
los vamos alimentando
y en el sitio los ponemos
donde siguen engañando?

Y quizá alguien exista
que me pueda responder
quién dotado de amplia vista
pueda el final conocer.

Si existe tan justo sabio,
yo le pido las venturas
de que ennoblezca el mal fario
de tan espurias criaturas.

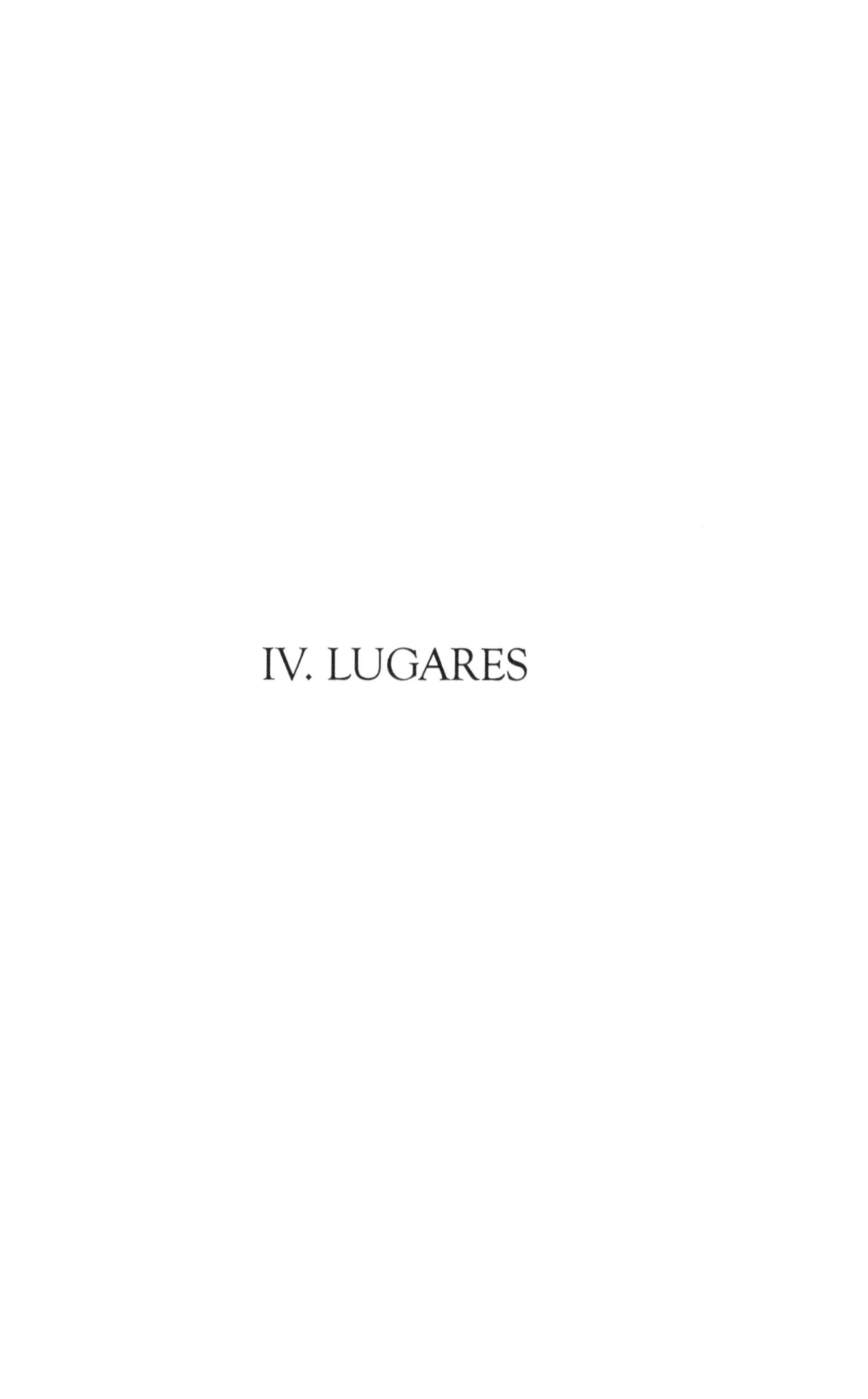

IV. LUGARES

A Ronda

Es ciudad antigua y serrana
con muchos siglos de historia,
ciudad pía y mariana
que está impresa en mi memoria.

Es Ronda ciudad del tajo,
la que tiene un puente nuevo
que requirió gran trabajo
comenzando a ser longevo.

Plaza de toros de Ronda,
la de purista solera,
la de tradición más honda,
cuna de estirpe torera.

Setenil, Júzcar y Olvera,
Grazalema y Benaocaz,
Benamahoma a su vera,
pueblos para visitar.

Todos vecinos de Ronda,
todos bellos por demás,
en los que quizá se esconda
el don del nunca jamás.

Y si de Sevilla vienes,
por Ronda tú pasarás
y si allí no te detienes,
a San Pedro llegarás.

Yo te quiero aconsejar,
si quieres comer mejor,
tú no dejes de pasar
por su bello parador.

Bajo la luz de la luna,
cuando el sol dormido está,
en las noches de fortuna
Ronda su magia te da.

Cuando el torero se luce
con banderillas enhiestas,
es cuando todo reluce
en las corridas goyescas.

Cuando a la gente preguntes
por la belleza más honda,
te dirán los transeúntes
¡que es la Serranía de Ronda!

De Montejaque, señores,
yo no me quiero olvidar,
donde sirven los mejores
en su zona militar.

Y aquí concluyo esta oda,
pues es hora de acabar,
y aunque Ronda esté de moda,
me obligan a terminar.

ATAMARÍA

Es un valle de secano
de montañas rodeado,
está abierto al mar cercano;
la lluvia se ha retirado,
hoy allí siempre es verano.

La rivera lo llamaron,
su nombre es Atamaría;
ese nombre conservaron
desde que un lejano día
fue como lo bautizaron.

En los inviernos llovía
para el campo cultivar
y a veces nieve caía,
blanqueando el olivar
el que en el este existía.

Y se encuentra equidistante
de Portmán y Los Belones;
su cultivo era importante,
de pésoles y melones
con su cosecha abundante.

La gente feliz vivía
hasta que vino la guerra,
la que la vida torcía,
la que el bienestar destierra,
la que la paz maldecía.

Hoy es un lugar famoso
debido al campo de golf
a un hotel que es grandioso
y a su esplendoroso sol,
el que todo lo hace hermoso.

Y no solo lo descrito
le da al ávido turista
el ocio que él ha previsto,
haciendo ser al golfista
feliz como un eucalipto.

Y además del gran hotel,
que tiene las cinco estrellas,
grandes chalés por doquier
y construcciones tan bellas
que te harán enmudecer.

Ubicado entre pinares,
en el parque natural
tiene mi hermano sus lares
y un chalé fenomenal
do se divisan dos mares.

A los dos se puede ver,
Mediterráneo y Menor;
siempre tú podrás tener
su magnánimo esplendor
y siempre querrás volver.

Que no se me olvide, hermano,
comentar que Los Belones
es un pueblo soberano,
el de amarillos melones
que son de tiempo temprano.

Los Nietos y Cabopalos
están en su vecindad
y son como dos regalos
que la infinita bondad
el tiempo le da a intervalos.

BARRANCOS

Por escrito dije un día
a mi ilustre compañero
que yo un poema le haría
a un Barrancos tan torero.

Y para ser consecuente
la promesa he de cumplir,
creyendo que es pertinente
esto que voy a decir.

Hoy yo no he venido a hablar
de barrancos naturales,
ni tampoco a preguntar
por los fangosos marjales.

El Barrancos que me ocupa
es un pueblo de La Raya,
el que es mirado con lupa
por ser de distinta laya.

Sus tradiciones diversas
son proscritas desde el norte;
las tachan de muy perversas,
son las touradas de morte.

Cuando llegaban las fiestas,
mantenían su tradición
y tras las multas impuestas
abonaban la sanción.

Estos días me han informado
que al fin ya son permitidas
y el pueblo lo ha celebrado
con más taurinas corridas.

Como en la España vecina,
crían ibéricos suidos,
se alimentan de la encina
dando exquisitos enchidos[1].

Es un pueblo bien pequeño
que, además de portugués,
habla también barranqueño,
que no es fácil de entender.

Sin duda, son portugueses
que hablando buen castellano
defienden sus intereses
en invierno y en verano.

---

[1] Embutidos.

Suelen cruzar la frontera
para el coche repostar,
pues en su gasolinera
algo se pueden ahorrar.

Se me olvidaba decir
que adoran las sevillanas
y a bailarlas suelen ir
en las festivas mañanas.

Y a pesar que en el pasado
frecuentemente luchamos,
es por muchos aceptado
que somos pueblos hermanos.

COCINA DE CAMPAÑA

La cocina de campaña
usada en las excursiones
es la costumbre de España
y también de los mormones.

Nadie lo podrá negar
que ese tipo de cocina
sirve para preparar
el filete y la sardina.

Es cocina de improviso
que usando leña del monte
nos permite hacer un guiso
y hasta asar a un mastodonte.

Muy usada en otro tiempo
por las huestes militares
para su propio sustento,
aunque no fueran manjares.

Muy socorrida en verano
cuando se va al campo un día,
pues teniendo leña a mano
una llama se encendía.

¿Habrá cosa más sabrosa
que chuletas de cordero
a la brasa calurosa
o caldereta de cordero?

Y si viandas no llevas,
algo siempre encontrarás:
unos higos o unas brevas
o unas setas colorás.

Si eres hábil con el lazo,
conejos podrás cazar;
usando todo o un pedazo,
te dará para almorzar.

Sería estupendo llevar
una bolsa con lentejas,
mas te puedes apañar
si coges unas collejas.

Si te encuentras en la playa
y tú la escasez arrostras,
puedes buscar lo que haya,
unas lapas o unas ostras.

Yo te brindo otro recurso:
pide a los cielos ayuda,
y si te hallas confuso,
puedes comer carne cruda.

Si a pesar de mis consejos
te encuentras como al principio,
no llegarás tú más lejos
que llegó el ínclito Alipio.

EL VERGEL

Sitio de gran sequedad
donde ni el cardo florece,
pobre y mísera heredad
que al más pobre pertenece.

Pobre, solo y sin fortuna
él llora desconsolado;
su acompañante es la hambruna
que lo tiene acongojado.

Mira al cielo en la mañana
cuando hambriento se despierta,
mas detrás de su ventana
solo ve una vida incierta.

Pide a los dioses consuelo,
mas nunca obtiene respuesta;
él no tiene más que el suelo
de naturaleza muerta.

Maldice su mala suerte,
la que su vida cambió;
ya solo espera la muerte,
la que nunca deseó.

Le gustaría vivir
un feliz año sabático,
mas no tiene adonde ir;
lo arruinó el cambio climático.

Antes del gran cataclismo
que hizo al hombre desgraciado,
ya imperaba el gran cinismo
del ignorante malvado.

Soslayaba la evidencia
del perverso acontecer,
pues carecía de potencia
para el mal fario torcer.

Como suele suceder,
el felón continuaba
sin la furia comprender
de lo que se avecinaba.

¿Y qué fue lo que ocurrió?
Pues que llegó la sequía,
pero al felón no afectó,
pues grandes medios tenía.

Los grandes desheredados
en el castigo creían
que los propios desalmados
del cielo recibirían.

El infeliz campesino
pensando en la dulce miel
siguió soñando, mohíno,
en su añorado vergel.

Pero nada aconteció.
El humilde lo sabía,
que el que ayuda le negó
ganó la dura porfía.

LA RAMBLA

La rambla, río sin agua
hasta el día de la tormenta;
entonces moja la enagua
de la infeliz cenicienta.

Río maldito y sin vida
durante la mayor parte,
pero al cesar la sequía
incluso puede matarte.

Suele estar en tierras yermas
donde la lluvia es escasa,
de plantas secas o enfermas
y poca comida en casa.

Son las gentes que allí habitan
entes de gran resistencia,
pues qué poco necesitan
para su supervivencia.

El presente es otra cosa;
los jóvenes no están dispuestos
a convertir verso en prosa,
cultivando secos huertos.

Y la rambla sigue estando
donde un dios la puso un día;
sin agua sigue regando
aquella tierra baldía.

Tierra que poco produce
sin perspectiva ninguna
y que al campesino induce
a buscarse otra fortuna.

Los vecinos de la rambla
cada vez son más escasos
y su destino se ensambla
a ritmo de marcapasos.

Justo en aquel pedregal
que la rambla nunca riega,
reina el desierto infernal
de la estepa solariega.

Para qué perseverar,
creyéndose que el destino
tu fortuna va a cambiar
allanando tu camino.

Quien en la rambla confía
tiene incierto porvenir;
vive en la inerme porfía
de imposible devenir.

Lo más cierto es confiar
en el puro y manso río;
nunca te va a defraudar
por su inmenso poderío.

MUNDANIDADES

Si es hermoso caminar
entre nubes de algodón,
más sublime es transitar
por la senda del perdón.

Perdonar, verbo divino
reservado a los mundanos,
que va marcando el destino
de pobres samaritanos.

Es del buen samaritano
el lecho de la bondad
y ayudar siempre al hermano
cuando sufre de orfandad.

Nadie debiera olvidar
que la ayuda al desvalido
es la forma de apoyar
al pobre desprotegido.

No es demasiado costoso
el frecuentar esa vía;
es un acto generoso
el practicar la empatía.

Poniéndote en su lugar,
entenderás a tu hermano
y así podrás navegar
hacia el confín más lejano.

A veces nos encontramos
cercados por la malicia
y así no nos percatamos
de nuestra propia estulticia.

Abre puertas y ventanas,
deja que el amor te inunde;
entre las brisas tempranas
está lo que al odio funde.

La palabra «odio» es odiosa
y solo de pronunciarla
se invoca a perversa diosa,
que es hora de despreciarla.

Ya te pedí que la abrieras
la ventana del perdón,
para que así no perdieras
el uso de la razón.

La razón que el santo tiene
por carecer de maldad,
esta es la que más conviene
a la humana humanidad.

Y qué sería de este mundo
si la bondad perviviera
y fuera un amor profundo
el que a los hombres uniera.

PARAJE

Lugar de guerras llevar
y de adustos caballeros,
de sombrío lupanar,
solaz de los marineros.

Vida libre y licenciosa
donde prospera el pecado,
do vuela la mariposa
seguida del rucio alado.

El truhan tiene su feudo,
allí nadie lo importuna;
no es necesario el denuedo
para amasar la fortuna.

Gente de bien sí que existe,
pero negro es su futuro;
viviendo una vida triste
tiene un castigo seguro.

Entre todas las doncellas
que habitan en el lugar,
hay una entre todas ellas
que hace a los mozos soñar.

Bella como un tulipán,
de parecer muy hermosa,
más tierna que el blanco pan
y adorable cual la rosa.

La pretende un caballero,
el más guapo del lugar,
siendo este su amor primero
que la llevará al altar.

Mas no fue fácil la empresa
para el sagaz caballero,
pues para su gran sorpresa
vino a mediar el dinero.

Los padres de la doncella
pretendieron que cediera,
mas lo que dijo la bella:
«Casaré con quien yo quiera».

Y triunfó el amor primero,
el galán la desposó,
siendo el feliz caballero
quien su corazón robó.

No se puede pretender
torcer la senda amorosa;
al amor hay que ceder
por ser cosa tan hermosa.

Y aquí concluyo la historia
que puede ser verdadera
y si no está en mi memoria,
tampoco allí se la espera.

PERO ¿EXISTE?

Es el sitio en el que todos
se desviven por vivir,
lugar que de todos modos
nadie logró descubrir.

Dicen que solo la paz
está entre sus cosas ciertas
y es la tierra más veraz
de siempre puertas abiertas.

Antes que surja un conflicto
entre adultos o menores,
triunfa siempre el veredicto
de los más puros humores.

Nada tienen que temer
sus felices habitantes,
pues nadie va a pretender
ser de sus cuitas causantes.

¿Cómo logran mantenerse
en tan idílica forma,
sin en la jungla perderse
y guardar siempre la norma?

Desconocen la respuesta
los sabios más reputados;
su ignorancia es manifiesta
por estar mal informados.

Mil veces lo preguntaron:
«¿Dónde se encuentra el lugar?».
La respuesta nunca hallaron
para poderlo encontrar.

Un marino llegó un día
y un sabio le preguntó
si el lugar él conocía,
con un no le respondió.

«Yo viajé por todas partes
y nadie me dio razón
de un lugar con tantas artes
donde manda el corazón».

El tiempo veloz corría,
pero nada cambiaba,
nadie solución tenía
para lo que se buscaba.

Y llegaron a dudar
de la mítica existencia
de tan ignoto lugar,
padre de la pertinencia.

Todos ansiamos vivir
en tan milagrosa tierra
y así poder prohibir
la cruel y odiosa guerra.

Lo único conocido
es que Jauja es un lugar
y todo el que allí es nacido
nunca habrá de trabajar.

Índice

Sobre el autor

Asensio Liarte (Cartagena, 1938). Ingeniero técnico en explotación de minas por la Universidad Politécnica de Cartagena (UPC). Licenciado en Filosofía por la Universidad Complutense de Madrid (UCM). Escritor de vocación tardía.

9 788419 520647